L'écologie ou l'ivresse de la table rase

Du même auteur

Libérons-nous du féminisme !, Éditions de l'Observatoire, 2018.

Le Crépuscule des idoles progressistes, Stock, 2017.

La Théorie du genre ou le Monde rêvé des anges. L'identité sexuelle comme malédiction, Grasset, 2014 ; LGF, 2016 (préface de Michel Onfray).

La Pensée des images. Entretiens sur Dieu dans l'art, avec François Bœspflug, Bayard, 2011.

Le Musée imaginaire d'Hannah Arendt. Parcours littéraire, pictural, musical de l'œuvre, Stock, 2011, prix Montyon de l'Académie française 2012, Prix de philosophie politique Perreau-Saussine 2012.

Bérénice Levet

L'écologie ou l'ivresse de la table rase

Éditions de
L'Observatoire

ISBN : 979-10-329-2369-6
Dépôt légal : 2022, janvier

170 *bis*, boulevard du Montparnasse, 75014 Paris

« Il est triste quand on s'endort dans une bergerie de trouver à son réveil les moutons changés en loups. »

Hippolyte Taine

« Rendu au sol avec la rude réalité à étreindre... Paysan ! »

Arthur Rimbaud

« Il faut remettre l'homme à sa place dans la nature : elle est assez honorable. Il faut replacer l'homme à son rang dans la nature : il est assez haut. »

Francis Ponge

Avant-propos

Est-ce à dire que là où une idéologie s'effondre, fatalement une nouvelle doit se lever ? Doit-on en conclure que, à peine un rideau est-il déchiré, un nouveau sera tiré ? Que jamais le réel ne parviendra à recouvrer ses droits ?

Ce que nous aurions pu prendre pour la fin de la pièce en 1989, après la chute du mur de Berlin, ne fut, pour paraphraser Tocqueville, que la fin d'un acte. Sur les ruines du marxisme, de nouveaux messagers d'un monde radicalement nouveau se sont constitués, aux récits moins charpentés sans doute, mais enfin, tout aussi systématiques, dogmatiques, aveuglants.

Voici venu le temps de la Grande Marche sous la bannière de l'écologie, de la lutte contre « le réchauffement climatique », contre « la sixième extinction de masse » et, rien de moins, pour « le sauvetage de la planète ». « Réinventer » nos sociétés, nos villes, nos vies. Le lyrisme révolutionnaire tourne à plein régime.

« Ce qui fait d'un homme de gauche un homme de gauche, décrivait Milan Kundera dans *L'Insoutenable Légèreté de l'être*, ce n'est pas telle ou telle théorie, mais sa capacité à intégrer n'importe quelle théorie dans le kitsch de la Grande Marche. » Et c'est ainsi que des données factuelles qui, dès la fin des années 1960, venaient inquiéter le modèle de développement que nous avions adopté depuis la révolution industrielle et plus résolument encore après la Seconde Guerre mondiale, se transformèrent en moteur d'une nouvelle « aventure », ferment d'un énième cheminement vers une humanité unie, non seulement réconciliée avec elle-même mais avec l'ensemble des vivants.

Car « nous voulons être au monde », disait le poète Yves Bonnefoy. Nous pouvons en douter.

Ce livre est né de l'impatience, de l'exaspération, du désarroi aussi, que m'inspirent notre impuissance à « vivre dans la vérité », comme disaient le philosophe tchèque Jan Patočka et avec lui Vaclav Havel ou Milan Kundera, notre résistance à admettre que les questions que l'humaine condition nous pose ne se règlent pas à la manière d'un problème technique ou d'une équation mathématique, notre obstination enfin à concevoir l'existence en termes de « combats » à mener, de « causes » à défendre, de modèles à « réinventer ». On identifie et on débusque des coupables et nous voilà confortablement installés dans un mélodrame. Or, vivre pour les hommes, c'est bricoler, trébucher, se risquer. Le vent se lève… il faut tenter de vivre, selon le beau vers de Paul Valéry.

Notre époque ne consent décidément pas à habiter le monde réel, complexe, contradictoire. Nous nous refusons obstinément à être rendus au sol avec la rude réalité à étreindre. À nous faire paysans, comme nous y exhorte Rimbaud, cité en exergue de cet essai. Ce qui est un comble quand on se prétend occupé et préoccupé d'écologie.

Si j'ai écrit cet essai, ce n'est pas par goût ni passion de la polémique, mais parce que j'ai le sentiment attristé, et douloureux, d'un rendez-vous manqué. Jusqu'à aujourd'hui, en tout cas.

Prologue

L'écologie politique et militante, une victoire à la Pyrrhus

« Misère ! Maintenant il dit : je sais les choses,/Et va, les yeux fermés et les paupières closes. » Et, comme en écho aux vers de Rimbaud, Simone Weil, dans *L'Enracinement,* peignait l'homme moderne en être instruit, savant, certes, mais d'un savoir abstrait, désincarné : « On croit couramment, observait-elle, qu'un petit paysan d'aujourd'hui, élève de l'école primaire, en sait plus que Pythagore parce qu'il répète docilement que la terre tourne autour du soleil. Mais en fait il ne regarde plus les étoiles. Et le soleil dont on lui parle en classe n'a plus aucun rapport avec celui qu'il voit dans le ciel. »

On aurait pu penser que ces maux de la modernité, diagnostiqués par le poète et la philosophe, le déracinement et l'abstraction qui lui sont afférents, l'avènement de l'écologie viendrait les panser, en offrirait un remède, une issue. Que l'importance prise par les questions liées au devenir de la Terre, au traitement réservé aux animaux, à la disparition des espèces nous serait l'occasion d'être rapatriés sur Terre, dans le monde sensible, chatoyant, compliqué et ambivalent des êtres et des choses. L'occasion de retrouver un lieu. De rouvrir les yeux et les oreilles.

Le mot même d'« écologie » semble d'ailleurs dire et prescrire la chose : l'*oikos* en grec désigne une réalité bien concrète, le « foyer », la « maisonnée », nullement la Planète, et pas plus la Terre. Et si l'économie, qui a en partage avec l'écologie son préfixe, est affaire d'administration, de gestion de la maison dans le but d'en obtenir le meilleur fruit, l'écologie, elle, est d'abord pensée et discours sur l'habitat, sur la manière dont les hommes habitent et aménagent le séjour terrestre, l'arrangent au sens presque musical du terme ainsi que le suggérait Saint-Exupéry lorsqu'il définissait la civilisation comme « un certain arrangement des choses ». Et l'écologie – là est la spécificité de cette science – se place à l'articulation, à la jointure de l'humain et du vivant, elle scrute l'homme toujours déjà pris dans un faisceau de relations avec les réalités naturelles.

Après des décennies d'abstraction technocratique, de déliaison et de désaffiliation progressistes, nous pouvions escompter que le tourment écologique nous porterait à renouer avec la chair du réel et à substituer à l'esprit de géométrie de la rationalité calculante, l'esprit de finesse, ou ce qu'Hannah Arendt appelait avec l'Ancien Testament « un cœur intelligent » ; en finir avec les vues surplombantes et les généralités, avec les idées, les sensations, les jugements tout faits.

Or, il n'en est rien. L'écologie a gagné la bataille des idées et des esprits, la chose est incontestable, et ce pourrait être heureux, mais c'est une victoire à la Pyrrhus. Une victoire à l'image de celle remportée par le roi d'Épire sur les Romains, une victoire qui entraîne de tels dommages et de telles pertes qu'un triomphe final signifierait bien plutôt une défaite. On connaît le mot de Pyrrhus Ier rapporté par Plutarque : « Encore une victoire comme celle-ci et nous sommes perdus. »

L'écologie est, avec le féminisme et l'antiracisme décolonial ou indigéniste, de ces grandes machines à fabriquer des dogmes, des slogans, des hashtags, ces hallalis numériques du XXIe siècle, des imprécations propres à terroriser, une langue exsangue, sans couleur, sans saveur, sans parfum, un récit accusatoire, et une jeunesse flagornée dans son simplisme, ânonnant catéchisme vert et sentences comminatoires. Une jeunesse hygiéniste, appréhendant toute réalité au travers des dogmes écologistes, rendue incapable d'émerveillement devant les trésors de la civilisation.

Une jeunesse toute prête à siéger au tribunal de l'inquisition qu'institue l'écologie politique et militante, et devant lequel comparaissent, pêle-mêle, le christianisme, Descartes, le capitalisme, le libéralisme, la révolution industrielle, et puis finalement l'homme, au sens générique d'humanité, mais très vite, nouvel et dernier inscrit sur la liste noire des coupables, l'homme au sens sexué du terme, le mâle, et singulièrement le mâle blanc. Qui roule au diesel ? Qui pratique la chasse ? Qui consomme de la viande et se montre plus rétif à se convertir au régime végan ? La réponse est censée s'imposer.

L'écologie telle qu'elle s'incarne aujourd'hui en France dans Europe Écologie-Les Verts ou chez Anne Hidalgo et dans les mouvements associatifs est davantage engagée dans une vaste et furieuse et chimérique entreprise de déconstruction de nos sociétés qu'occupée à préserver, restaurer la nature. Plus pressée de « changer les mentalités et les comportements », de remodeler nos rêves et nos imaginaires que de se mettre modestement au service de la continuité et de la pérennité de nos civilisations – car, sauf malentendu, ce n'est pas seulement à la vie, au vivant que nous voulons garantir un avenir, mais bien à un monde humain... Et sous couvert de volontarisme politique nous glissons vers le constructivisme, l'ingénierie sociale et anthropologique.

Regardant les populations avec le même dédain que les technocrates d'hier et d'aujourd'hui, piétinant la réalité et la singularité des peuples avec la même allégresse que les chantres de la mondialisation, les écologistes vont les yeux fermés et les paupières closes. La « cause » de la Terre a donné des ailes à la passion idéologique en mal de pitance après la fin des Grands récits.

L'inquiétude écologique venait nous rappeler à notre responsabilité – cette noble prérogative des êtres humains –, à l'existence des limites, au souci de ce qui est périssable. Après des années de fuite en avant et de docile soumission au primat de l'économie, la question du sens de ce que nous faisons, de ce que nous poursuivons et de ce que nous hasardons en prenant tel ou tel parti, aurait dû redevenir centrale.

Or, là aussi, victoire à la Pyrrhus : entre exhortations morales et paroles d'experts, la politique ne retrouve guère ses droits. La planète se réchauffe, l'homme en est la cause, « le constat ne souffre plus de contestation », lit-on régulièrement dans la presse. Circulez ou plutôt repentez-vous. Redoutable parole d'autorité devant laquelle tout doit plier.

Le sauvetage de la Planète est érigé en absolu, péremptoire et justifiant tous les moyens. Le mantra de l'urgence climatique met le bâillon à toute interrogation. Nulle place ni légitimité pour la conversation civique.

La politique hier abdiquait devant les mots d'ordre de la modernisation, de l'efficacité, de la rentabilité, puis de la mondialisation, de l'ouverture, elle est aujourd'hui pressée d'abdiquer devant le salut de la Terre.

Pluies diluviennes ? Température et sécheresse extrêmes en Amérique du Nord ? Feux de forêts ? Montée des eaux des océans ? Effacement des calottes glaciaires ? Disparition d'espèces animales ? Le réchauffement climatique, le réchauffement climatique, vous dis-je. Il y a du Molière dans la dramaturgie actuelle du climat. Quelque chose entre *Le Malade imaginaire* et *Le Médecin malgré lui*, entre « Le poumon, le poumon, vous dis-je » de Toinette et « Voilà justement ce qui fait que votre fille est muette » de Sganarelle.

« Gaz à effet de serre », « empreinte carbone », « neutralité carbone », « transition énergétique », « biodiversité », « écosystème en péril », « réensauvagement », « la forêt amazonienne, poumon de la planète » et, nouveaux et derniers venus au cours de l'été 2021, « mégafeux », « dôme de chaleur », « signes vitaux » de la Terre qui iraient s'affaiblissant, « écoanxiété » qui minerait la jeunesse... Chacun est ainsi pourvu d'un réservoir de formules propres à terroriser.

La caverne bourdonne de ces échos assourdissants, de ce prêt-à-penser au vernis scientifique qui a tout de la clochette de Pavlov puisqu'il appelle des réactions automatiques et non des discussions rationnelles. *Le Fanatisme de l'Apocalypse*, pour emprunter à Pascal Bruckner le titre de son essai, vise d'abord à neutraliser toute intelligence critique.

L'écologie ne réclame pas des individus instruits, collaborateurs conscients des représentants qu'ils se sont eux-mêmes donnés, comme dirait Marc Bloch, mais des claviers qui vibrent, aveuglément, au magnétisme de quelques prédicateurs. Elle veut du sensationnel. Il ne s'agit pas de nier le réchauffement de la Terre, mais de ne pas en faire la clef qui ouvre toutes les serrures, pirouette par laquelle on clôt des démonstrations qui n'en sont pas. Il ne s'agit en aucune façon non plus d'être indifférent à la disparition des espèces, mais aucune fin, fût-elle la vie sur Terre, ne justifie tous les moyens.

« Que de questions je trouve à discuter dans celles que vous semblez résoudre », écrivait magnifiquement Rousseau à d'Alembert en ouverture de sa *Lettre sur les spectacles*. Que de questions subodore-t-on dans celles que les écologistes et leurs dociles relais médiatiques semblent trancher. Mais les gardiens du temple veillent fiévreusement sur l'orthodoxie et travaillent, sans répit, à débusquer les dissidents. Nous assistons à un véritable lyssenkisme des esprits : les scientifiques susceptibles de complexifier le tableau, de le nuancer sont d'entrée de jeu délégitimés. Les écologistes tel José Bové venant briser la pastorale du retour du loup ou de l'ours dans la forêt, dégradés au rang d'« environnementalistes », le député européen d'EELV commettant le péché de se soucier de l'homme et de ses troupeaux.

Quand en aurons-nous fini avec cette terreur ? Admettre que le changement climatique est « chose compliquée, déroutante et truffée de paradoxes », ainsi que l'écrit Jared Diamond dans *Bouleversement. Les nations face aux crises et au changement*, ne nuirait nullement à une politique responsable. Le propre du réel est précisément de se dérober à toutes les prises univoques. La réalité factuelle ne présente jamais cette clarté d'épure que lui confère la « modélisation » scientifique. Les mailles dans lesquelles l'idéologie aimerait tant enserrer les faits sont toujours trop larges, toujours ils s'en échappent.

Mais dans la conquête des esprits, le simplisme est une arme de séduction massive, et l'écologie le sait. « Le dogme n'aime guère à être tamisé », observait Victor Hugo. Nos écologistes et, avec eux, toute notre époque rétive à la discussion de ce qu'elle tient pour des articles de foi, devraient relire Milton et Stuart Mill : une vérité, une cause qui se refuse à l'épreuve de la discussion n'en sort guère fortifiée. Et Stuart Mill de rappeler cette trouvaille, géniale, de l'Église catholique romaine : l'institutionnalisation de la figure de « l'avocat du diable » dans le cadre de la canonisation des saints. « Les plus saints des hommes ne sauraient être admis aux honneurs posthumes avant que tout ce que le diable peut dire contre eux ne soit connu et pesé », résume ainsi le philosophe. « Une vérité qui ne peut être remise en question ne saurait être tenue pour vraie en toute certitude par l'humanité », conclut l'auteur de l'essai *De la liberté*.

Assommés et intimidés par la vulgate écologiste et ses perspectives de fin du monde, nos pensées sont captives, captives de cette litanie de catastrophes, captives des vastes imprécations et des grandes proclamations à l'ombre desquelles des mutations civilisationnelles s'accomplissent. Captives aussi de l'intrigue à laquelle les écologistes reconduisent l'histoire entière des relations de l'homme et de la nature. Mélodrame du prédateur et de ses proies, de la nature victime du « suprémacisme humain » et singulièrement occidental.

Une enfant, l'œil noir, accuse l'Occident, tonne contre une civilisation dont elle ne sait rien sinon qu'elle est coupable et nous avançons, en pénitents, la corde au cou. On a beaucoup glosé sur le phénomène Greta Thunberg. À très juste titre. Il n'est pas indifférent que les « éveillés » du climat se choisissent pour égérie une adolescente sermonnant les adultes et, incarnation parfaite de l'attitude consumériste qu'elle est censée pourfendre, réclamant, incontinente, la satisfaction de ses désirs érigés en droits.

Car ne nous y trompons pas, la cause de nos éco-anxieux est peut-être « la planète », comme ils aiment à dire, mais elle est d'abord celle de leurs droits, droits à la santé, à un air pur, à un avenir. Ils ne s'extraient pas un instant du cercle étroit de leur petit moi et de leur passion du bien-être – le néologisme d'éco-anxiété le dit d'ailleurs sans détour. L'écologie est une idéologie parfaitement accordée à des temps individualistes.

Victoire à la Pyrrhus en cela aussi que, plutôt que de rappeler l'homme à sa responsabilité, à son pouvoir d'autolimitation, tout à sa passion judiciaire et à son impuissance à parler une autre langue que celle des droits, l'écologie travaille à l'extension de son domaine. Le XVIIIe siècle aura été le siècle de la déclaration des droits de l'homme, nos belles âmes écologistes entendent faire du XXIe siècle, le siècle des déclarations des droits des animaux, des chartes des droits des arbres. Les espèces vivantes doivent être reconnues comme « personnalités juridiques ».

La civilisation occidentale se voit chargée de tous les péchés. L'écologie œuvre, avec obstination et acharnement, à nous rendre inaccessibles à la noblesse des réalisations, des conquêtes de l'Occident. Les offensives se multiplient contre notre forme de vie et l'on ne saurait dire que les assaillants se heurtent à des résistances bien vives. C'est un euphémisme. Greta Thunberg fut reçue par les plus éminentes autorités internationales. Nos boucheries, nos fromageries sont vandalisées. Et les municipalités vertes et désormais la loi Climat et résilience de juillet 2021, instituent le menu végétarien hebdomadaire dans les cantines scolaires. Bref, une fois encore nous plaidons coupables, impuissants à défendre une civilisation dont l'histoire ne s'épuise pas dans la fabrique de victimes.

Cessons de flagorner ces contempteurs ignorants, ou instruits d'ailleurs, de l'Occident.

Plutôt que de les entretenir dans leur fiel accusateur et vengeur, donnons-leur à connaître et à aimer le commerce, la relation, non la fusion, des hommes avec la nature. L'art d'aménager le séjour terrestre en sa modalité occidentale et singulièrement française. La terre, les bêtes n'ont pas de meilleurs alliés que ceux qui travaillent de concert avec elles, les éleveurs, les agriculteurs, qui les aiment et les comprennent, les chasseurs aussi qui les scrutent, les connaissent infiniment mieux assurément que leurs procureurs. Nous prenons d'autant plus soin d'une chose que nous lui sommes étroitement, intimement liés. Je me permettrai un mot sur la chasse et la corrida. Je ne dis pas que ces pratiques ne sont pas un tourment pour l'esprit, mais ce tourment ne doit pas rendre les hommes du présent que nous sommes incapables de comprendre ce que les hommes d'autrefois ont conçu, ce que ces arts recèlent d'ingéniosité, de rites, de formes, de noblesse.

Non, le ver de la crise écologique n'est pas dans le fruit occidental, il n'est pas dans notre édifice conceptuel, il n'est pas dans le christianisme, il n'est pas même dans Descartes, nous le verrons. Et si la modernité occidentale a sa part de responsabilité, les ressources ne sont pas hors de l'Occident, mais bien dans l'Occident lui-même qui n'a cessé d'établir que l'homme est voué à de plus nobles tâches que celles de consumer, d'épuiser et de détruire ce qui lui est confié. La pensée occidentale de l'homme, de l'homme en son humanité est un de nos plus puissants adjuvants contre la dégradation du donné naturel.

Je voudrais que nos Greta Thunberg et autres militants sonores et venimeux prompts à conspuer nos civilisations soient capables de l'attention d'un Dürer, d'un Rembrandt, d'un Paulus Potter, d'un Chardin, d'un Géricault, d'un Soutine et, avant eux, des sculpteurs des cathédrales ou des frères Limbourg qui ont illustré comme personne le commerce des hommes et de la nature. Mais pour cela, il faut avoir de l'humilité, accepter le silence de la maturation, se laisser instruire, aller à l'école et non faire « grève pour le climat ». Des écologistes conséquents militeraient pour une école des Humanités – cette belle notion qui dit que les lettres et les arts nous rendent plus humains, plus attentifs, plus présents au monde. « Comme si la vraie supériorité pouvait être autre chose qu'une plus grande force d'attention ! » écrivait superbement Bergson qui savait que c'est « l'ignorance même des choses qui donne tant de facilité à en parler ».

Une civilisation ne se balaye pas d'un revers de main. Derrière chacune de ses conquêtes et de ses réalisations, derrière chacun de ses héritages et de ses accomplissements, selon le mot cher à Pierre Manent, je l'ai dit de la chasse et de la corrida, ce sont des savoirs, des savoir-faire, des rituels accumulés au fil de l'histoire et de la géographie. Lisons la magnifique ode aux fromages français chantée par Italo Calvino : escortant son personnage Palomar dans « une crémerie parisienne de qualité » – cible répétée des végans ces dernières années –, le romancier italien décrit :

> « Derrière chaque fromage il y a un pâturage d'un vert différent sous un ciel différent : des prés incrustés de sel que les marées de Normandie déposent chaque soir ; prés

parfumés d'arômes au soleil venteux de Provence [...] il y a des secrets de fabrication transmis au fil des siècles. Ce magasin est un musée : monsieur Palomar en le visitant, sent, comme au Louvre, derrière chaque objet exposé la présence de la civilisation qui lui a donné forme et qui y prend forme. »

De cette épaisseur des siècles, de cette sédimentation, nos écologistes se prosternant devant les Greta Thunberg et autres prétendus éveillés du climat n'en ont cure. L'écologie est, devrait être, d'abord, une question de dispositions. L'attention, les égards, les scrupules, le tact, autant de qualités nécessaires à la terre, aux sols, aux bêtes et qui demeurent totalement ignorées de nos écologistes se comportant à l'endroit de la civilisation occidentale, comme des éléphants dans un magasin de porcelaine.

C'est aussi une des raisons, c'est peut-être même la première, pour laquelle j'ai écrit ce livre. Je ne peux admettre que nous abandonnions le dernier mot aux pourfendeurs et procureurs de l'Occident. Je ne peux me résoudre à voir nos civilisations réduites à un cortège de destructions quand elles permirent l'édification de sociétés flamboyantes et l'éclosion de ces maîtres en perception que sont les poètes, les peintres, les écrivains, les musiciens. Et il ne me déplairait pas que ce livre soit lu comme un hymne à notre civilisation.

L'écologie, comme toute notre époque, est plus intéressée à fabriquer des armées d'indignés que des âmes incarnées et émerveillées. À former des « acteurs du changement », selon une de ses expressions fétiches. L'important est de mobiliser, d'armer, d'emplir son carquois de flèches à décocher. Le résultat est pathétique et accablant : se lèvent des bataillons de petits soldats verts, bien dociles, ânonnant sur les scènes du monde entier les mêmes refrains exsangues, le sempiternel prêchi-prêcha contre le mal dont est coupable l'homme occidental. L'avant-garde de l'écologie est à l'image de toutes les avant-gardes, en parfaite congruence avec la métaphore militaire, constituée d'« esprits [...] faits pour la discipline, c'est-à-dire pour la conformité, des esprits nés domestiques [...] qui ne peuvent penser qu'en société ». (Baudelaire).

« Cette écologie urbaine portée par des militants surdiplômés, mais surtout fortement idéologisés [...] serait bien en peine de distinguer dans un champ une vache, un taureau, un bœuf, un veau, une génisse, une amouillante ou bien encore, *in situ*, du blé, de l'orge et de l'avoine. [...] J'aimerais demander à Leonardo Di Caprio ou Marion Cotillard, Sylvester Stallone et Elton John, ces dévots de Pierre Rabhi [...] s'ils savent distinguer la luzerne du sainfoin[1]. » Michel Onfray a raison. Peu leur chaut. La réalité sensible, luxuriante, chatoyante, n'est pas leur objet. Ce qu'ils veulent, ce sont des causes, de bonnes causes dûment estampillés par l'esprit du temps et avec l'onction et le financement des Gafa (on le verra notamment avec l'exemple de la « viande » cellulaire), des miroirs dans lesquels contempler combien eux sont beaux et bons, et combien la civilisation à laquelle ils doivent cependant tout, est mauvaise !

Il ne s'agit pas de fanfaronner. Distinguer la luzerne du sainfoin, moi-même, je le confesse, longtemps en

1. Michel Onfray, « Technique du cheval de Troie : le traquenard d'Ulysse », in revue *Front populaire*, « Écologies. Les leurs et la nôtre », n° 5, p. 58.

aurais-je été incapable mais, précisément, la première vertu de l'effraction de l'inquiétude écologique dans nos vies, n'est-ce pas sa vertu épiphanique ? Des réalités pour lesquelles nous n'avions pas ou plus de regard nous sont dévoilées, révélées. Je me suis ainsi découvert une passion pour les haies, véritables fourmilières de vie, sacrifiées dans les années 1960 sur l'autel de la « rationalisation des terres agricoles » et de l'exploitation de celles-ci suite à l'introduction du tracteur dans les campagnes sur fond de plan Marshall. Aujourd'hui, conscients du rôle absolument capital de ces clôtures végétales, refuge des mulots, des hérissons, des lapins, des oiseaux, parade à l'érosion des sols, on en programme la replantation.

J'insiste. Qu'on ne se méprenne pas sur mon propos. Je n'entends nullement nous exonérer de toute responsabilité : le modèle de développement initié par la révolution industrielle se révèle mortifère et pour la Terre et pour les hommes, et l'on ne saurait en aucune façon se satisfaire du monde comme il va. « Prendre un bon départ n'est pas peu de chose, mais tient à peu de chose », disait le Socrate de Diogène Laërce. Et nous avons assurément pris un mauvais départ en « désencastrant » l'économie dès le XIXe siècle – ce contre quoi le libéralisme *à la française* de Benjamin Constant à Tocqueville, en passant par Chateaubriand, nous mettait en garde – et plus encore au lendemain de la Seconde Guerre mondiale en nous confiant pieds et mains liés à un modèle de société enté sur, et hanté par, l'efficacité, la rentabilité, la fonctionnalité, la libération de l'individu et la levée de tous les freins susceptibles de brider sa marche en avant.

La crise écologique est venue inquiéter le modèle de développement que nous nous sommes choisi, mais non moins, et c'est le point aveugle de l'écologie politique et militante, l'idée de l'homme qui règle nos sociétés depuis la fin des années 1960 : une philosophie de l'homme délié, désaffilié, monade entrant dans la société tout armée, se suffisant à elle-même, ne devant rien à personne. Libéralisme économique et libéralisme sociétal se rejoignant dans une même répugnance aux freins, aux limites, aux résistances du réel. L'inquiétude écologique vient nous rappeler qu'une nation a d'autres obligations que celle d'« un marmot dans ses langes : se porter le mieux possible, prendre du poids » (Bernanos), une nation, mais un individu aussi. L'homme est assurément voué à une destinée plus élevée que celle d'épuiser les ressources naturelles et de réduire les animaux à de purs matériaux pour fabriquer de la viande en série. Les méthodes industrielles d'élevage n'auraient jamais dû exister.

L'écologie est préemptée par la gauche et des esprits dits libéraux, inféodés à ce que le philosophe Vincent Descombes appelle les « nœuds mentaux » de la conscience progressiste : des associations moralement connotées (l'ouverture, c'est bien ; les frontières, c'est mal ; l'immigration est une richesse pour la France...), ainsi de l'enracinement, de ce besoin fondamental de l'âme humaine d'inscription dans un lieu, mais non moins dans une histoire, qui reste frappé de suspicion. Point de douleur de la conscience progressiste, la nation l'est et le demeure de la conscience écologiste. L'homme des écologistes cultive peut-être son jardin, mais il n'est réinscrit dans aucune histoire, il continue de vivre aplani sur le présent. C'est une chose tout à fait frappante, on le verra : leur homme est sans histoire, sans passé, la seule réalité plus vaste que lui à laquelle il est exhorté à prendre part est la réalité cosmique.

« J'aime mieux être homme à paradoxes qu'homme à préjugés », disait Rousseau. Les écologistes sont hommes à paradoxes parce qu'ils sont hommes à préjugés. Pourfendeurs acharnés du conservatisme politique, ils le sont de l'idée même de conservation. Incapables de rendre leur légitimité aux limites et d'abord aux frontières. Ainsi se font-ils les alliés de tous les procureurs et fossoyeurs de la France historique.

Le meilleur service que l'on puisse rendre à la Terre est de repartir des hommes, de leur rendre un lieu, un sol, une géographie et une histoire. L'écologie ne doit pas être la politique première. L'homme, la terre, les bêtes ont partie liée. La France rurale, périphérique, et le donné naturel souffrent des mêmes maux : d'une politique qui s'est émancipée des réalités concrètes, charnelles. Si la Terre souffre des émissions de gaz à effet de serre induit par les transports, l'homme ne souffre pas moins de vivre dans des villages réduits à l'état spectral, contraint de prendre sa voiture pour se rendre à son travail ou au supermarché. La dégradation de l'une et la déshumanisation de l'autre marchent de conserve. Commençons donc par les hommes, non pas l'homme tel que l'anthropologie libérale le postule – « créature de droit naturel qui entre dans la société tout armée et sûre de se suffire à elle-même », ainsi que le résume l'anthropologue (non le candidat vert de 1974) Louis Dumont, mais dont la naissance est entrée dans un monde qui le précède, et qu'il doit apprendre à connaître et à aimer. Et ce monde est indissociablement nature et culture.

Les écologistes ont acquis une autorité exorbitante, un pouvoir d'influence considérable dans la société. Ils siègent dans les conseils municipaux ; ils sont désormais à la tête de plusieurs villes et de grandes villes ; ils ont des velléités présidentielles. Il n'est donc pas tout à fait illégitime de s'interroger sur le monde dans lequel la vulgate écologiste entend nous faire vivre. D'autant que les électeurs et globalement leurs soutiens sont aisément dupés. Dans l'imaginaire collectif, l'écologie est assimilée à la protection de la nature, de l'air, aux animaux, aux fleurs, aux oiseaux et à ce titre bénéficie d'un « capital sympathie », comme on le dit, dans la presse, du panda. Sauf que, ainsi que l'observait Jérôme Fourquet[1], « l'agenda des maires EELV » – mais cela vaut pour l'ensemble des écologistes, politiques et militants mêlés – « va bien au-delà du seul combat contre le réchauffement climatique, la lutte contre les nuisances environnementales » ou le bien-être animal. « Leurs décisions présentent une dimension idéologique », ajoutait le politologue, et c'est elle que je m'efforcerai de mettre au jour.

Pour terminer, je préviendrai une objection qui ne manquera pas de s'élever. On me reprochera l'usage du singulier et du générique. L'écologie n'existe pas, il y a des écologies, m'opposera-t-on. Et l'on m'accusera de tout confondre, et de succomber moi-même à ce démon de la généralité que je n'ai de cesse de dénoncer. Qu'il existe, au sein de la mouvance écologiste, des nuances, je ne le conteste pas, mais ce sont des nuances précisément, et celles-ci ne modifient rien sur le fond. Il est quelques axiomes (responsabilité de l'homme occidental, dogme du « assez badiné », appel exalté à la frugalité et à la sobriété, expiation) sur lesquels tous s'accordent et ce sont eux qui décident du monde dans lequel nous risquons bien de vivre si nous leur

1. Jérôme Fourquet, « Une partie des écolos considère que nous devons faire pénitence », entretien avec Paul Sugy, *Le Figaro*, 11 septembre 2020.

abandonnons les rênes de nos sociétés. En outre, mon objet n'est pas seulement l'écologie politique et militante, mais d'abord cet air du temps, cette injonction sociétale, ce prétendu sens de l'histoire dans la direction duquel nous sommes tous sommés de marcher. Et avec pour devise : sobriété, diversité, visibilité, on le verra.

Je l'ai dit, je n'ai pas écrit ce livre par passion polémique. Tout ce qui rétrécit l'homme me désole ; tout ce qui l'agrandit me console ; un homme éloigné de la nature est un homme mutilé, mais un homme nourri à l'écologie ne l'est pas moins. Comme la théorie du genre et le néo-féminisme, comme l'indigénisme, comme chacun et tous de ces prétendus « éveils », l'écologie rabougrit l'homme, étiole ses facultés, le fait vivre dans un monde fictif. « Une civilisation se caractérise par l'espèce d'hommes pour laquelle elle est faite, ou qu'elle se propose de former », écrivait Bernanos. Quelle espèce d'hommes l'écologie entend-elle faire advenir ? Question majeure qui nous retiendra dans un deuxième temps avant d'ébaucher quelques pistes pour une écologie renouvelée. Afin que la victoire de la cause de la nature soit une victoire véritable et non une défaite pour l'humanité.

Première partie

Le monde rêvé des écologistes

I. Présentation des protagonistes

J'ai un temps hésité, je l'avoue. « De quoi l'écologie est-elle le nom ? » me tentait mais, de cette formulation, nous sommes tous las, assurément. Telle est cependant la question, une des questions en tout cas. Elle nous accompagnera, en filigrane. Le mot « écologie » dit-il la chose, la révèle-t-il ou la dissimule-t-il ? De l'écologie comme science, de l'écologie même comme tourment, comme inquiétude, tourment et inquiétude qui portaient et inspiraient les pionniers de l'écologie, que reste-il dans l'écologie telle qu'elle s'incarne aujourd'hui ? Pour qui, pour quelle politique vote-t-on lorsque l'on donne son suffrage à des candidats qui s'en réclament ?

Afin de séparer le bon grain de la science de l'ivraie de l'idéologie, certains proposent de distinguer entre écologie et écologisme. Pourquoi pas. Force est toutefois de constater que le mot ne prend pas et que c'est bien sous l'étiquette de l'écologie, et au nom de l'écologie, que la révolution verte s'accomplit ou entend s'accomplir. Donc gardons le mot, mais levons, déchirons le rideau.

1. Génération post-89

En France, l'écologie politique et militante prend son essor dans les années 1970, comme le féminisme. Et comme le féminisme, elle se voit reléguée au second plan dans les années 1980-1990 pour renaître, comme le féminisme encore, sur les ruines du communisme, après la chute du Mur de Berlin. L'incarne alors la génération des baby-boomers, Antoine Waechter, Daniel Cohn-Bendit, Noël Mamère, Dominique Voynet. Ces noms – à l'exception peut-être de Noël Mamère qui garde un certain prestige auprès de la jeunesse, non pour ses faits d'armes écologiques, mais pour avoir célébré, avant même que la loi ne l'y autorisât, le premier mariage homosexuel – ces noms donc, ne sont plus guère évocateurs pour les moins de vingt ans, ou évocateurs seulement, pour la génération du « OK Boomer », de l'« inaction de nos dirigeants », selon la clochette qu'ils aiment à faire tintinnabuler.

Dans la première décennie des années 2000, une nouvelle génération point, c'est elle qui est aujourd'hui aux postes de commande. Tous sont nés dans les années 1970 et pour les plus jeunes, dans les années 1980, voire 1990. Yannick Jadot est né en 1967, Éric Piolle, Grégory Doucet, Delphine Batho en 1973, Sandrine Rousseau en 1972 ou Julien Bayou et Jeanne Barseghian, en 1980. Léonore Moncond'huy, l'édile de Poitiers est née en 1990. Avec cette génération, le visage de l'écologie se trouve changé. Il perd toute coloration nationale pour se teinter d'un vert venu des pays protestants du nord de l'Europe et des États-Unis.

Pourquoi s'attacher à la date de naissance des élus ou des membres d'EELV ? Celle-ci jette une lumière vive sur la nature de la politique que les Verts conduisent ou entendent conduire et dont le trait majeur est l'indifférence parfaite aux singularités nationales, aux traditions et à l'histoire, le mépris même qu'ils réservent aux populations, à leurs attachements et à leurs fidélités. Naître dans les années 1970, c'est appartenir à la première des générations auxquelles le vieux monde n'aura plus été transmis. Avec l'alibi de la liberté et de la créativité originelle de l'individu, les adultes se sont lavé les mains, selon le mot d'Hannah Arendt, de l'héritage civilisationnel dont eux-mêmes étaient encore porteurs. Avec les meilleures intentions du monde, ils ont condamné leurs enfants à vivre dans un monde sans racines, sans histoires, sans attaches. Ils ont renoncé à léguer le testament français et à instituer des héritiers et des continuateurs de la civilisation. Les écologistes appartiennent donc à ces générations auxquelles la France n'a plus été donnée à connaître et à *aimer*, et pour le peu qu'ils en connaissent ou croient en connaître, ils la tiennent pour coupable. D'où viendrait qu'ils aspirent à en continuer la chronique. Les écologistes ne se rattachent plus par aucun fil à notre histoire.

La date de naissance de nos écologistes éclaire ainsi leur parfaite acclimatation à la pensée identitaire et à la diversité et à l'esprit *woke* importés du monde anglo-saxon. Cette conséquence était pour ainsi dire fatale. Faute de passé, ils sont comme incarcérés dans la prison du présent. Ils n'ont d'autres ressources, intellectuelles et morales, que d'obéir à l'air du temps. Dès lors que les pendules se trouvent réglées à l'heure anglo-saxonne, il ne leur reste plus qu'à en épouser le mouvement, docilement, mais non sans morgue puisque celle-ci serait selon eux seule légitime. Le passé, ses modalités de vie et de pensée, sont un levier pour inquiéter les certitudes et évidences du présent ; or, ce levier leur fait cruellement défaut. Nos écologistes – ils ne sont, hélas, pas les seuls –, sont désespérément de leur temps.

« D'autant que l'âme est plus vide et sans contrepoids, écrivait Montaigne, elle se baisse plus facilement sous la charge de la première persuasion ». Si les écologistes s'orientent exclusivement selon les catégories des *cultural studies* et de l'esprit *woke,* c'est qu'ils n'en possèdent pas d'autres, qu'ils ne conçoivent pas qu'un autre monde que celui de l'exaltation des identités particulières et d'une moraline matinée d'austérité protestante, soit possible, et surtout souhaitable. Dès lors que la singularité française, son art de la liberté, une liberté du pas de côté (qui n'est pas l'arrachement) n'est plus transmise, et transmise comme quelque chose de savoureux, les nouvelles générations se trouvent abandonnées, pieds et poings liés au dernier qui a parlé et de la manière la plus sonore.

Ironie ou plutôt tragique de l'histoire, les juges impénitents des baby-boomers sont leurs propres créatures, parce qu'ils n'ont rien donné à aimer dans cet héritage à leurs enfants et petits-enfants que ceux-ci ne voient rien à préserver dans le monde dont ils héritent. Et animés du pathos de la table rase, prononcent, avec ivresse, interdits, bannissements, « annulation ».

2. *Les écologistes en chargés de mission du nouveau monde*

L'écologie n'est qu'un des pavillons sous lesquels avancent les déconstruteurs du vieux monde. Leur force, terrorisante, est de pouvoir s'autoriser de l'urgence climatique et de la fin de la vie sur Terre. Le Giec et ses rapports, plus sombres à chaque nouvelle édition, sont leur grande chance. Ceux-ci font d'ailleurs partie de leur story-telling : « J'ai grandi avec les rapports du Giec », raconte ainsi Léonore Moncond'huy, qui avait dix ans lorsque le Groupe d'experts intergouvernemental sur l'évolution du climat rendit public, en 1990, son premier rapport. De fait, Il y eut certes en 1972 le rapport Meadows commandité par le Cercle de Rome qui ne fut pas sans retentissement dans les pays occidentaux – les livres se multiplient, *Le Nouvel Observateur* publie un hors-série qui connaît un grand succès, *La dernière chance de la Terre,* et, aux élections présidentielles de 1974, l'écologie a son candidat –, mais ce n'est véritablement qu'avec les rapports du Giec que la grand-messe commence.

Les écologistes se regardent et se présentent comme des chargés de mission, mandatés par la Planète en quelque sorte, pour lui garantir un avenir. Leur programme est celui de leurs parents ou grands-parents, le programme de la génération post-68, la génération des baby-boomers qui, elle aussi, se regardait comme l'aube d'un nouveau jour, auréolée des grâces du commencement mais, précisément, leurs enfants et petits-enfants leur reprochent d'être demeurés comme en retrait de leurs velléités de rupture. Et, plus grave encore, loin d'avoir périmé le vieux monde, loin de l'avoir laissé derrière eux, ainsi qu'ils le promettaient, ils l'auraient continué, ils en auraient maintenu les structures éternelles (patriarcale, raciste – on parle désormais de racisme systémique –, capitaliste, néolibérale). Les féministes identitaires ou différentialistes d'aujourd'hui ferraillent avec les féministes universalistes d'hier ; les indigénistes et les décoloniaux avec les antiracistes des années 1980 ; les écologistes avec des aînés consuméristes, productivistes, goûtant dans l'insouciance les libertés et les facilités procurées par un modèle de société fondé sur la croissance. Et tous communient dans la liquidation du vieux monde, d'où les alliances des uns avec les autres.

« La politique sans conservateurs » proclamait le mouvement des Jeunes écologistes, en 2016. La formule n'était pas qu'un jeu de mots, qu'une boutade, mais bien un programme : rien n'est bon, selon eux, dans le monde dont nous héritons ; tout est à jeter. En dehors de la Terre, mieux, de la Planète, qu'ils se donnent, modestement, pour mission de sauver, l'abolition de la forme de vie occidentale est programmée. Et avec quelle gourmandise frappent-ils d'obsolescence nos modes de vie, nos manières de penser, nos habitudes, et nous admonestent-ils de les remiser au placard ! Avec les rapports du Giec pour bréviaires, et galvanisés par chaque nouvelle publication toujours plus alarmiste, on l'a dit, et accusatrice – désormais, depuis août 2021, ce serait assuré, l'homme porterait l'entière responsabilité du saccage –, les écologistes se tiennent pour autorisés à engager les grands travaux[1].

Des failles et des impasses bien réelles d'un modèle de développement et d'une philosophie de l'homme délié (qu'ils se gardent bien de remettre en question), ils se saisissent pour disqualifier la civilisation occidentale dans son être même. L'écologie ou la grande faucheuse. Cours, camarade, le vieux monde doit rester derrière toi. N'emporte rien. Dépose tout bagage.

1. Savent-ils, nos impitoyables procureurs, que c'est à l'initiative des très libéraux Margaret Thatcher et Ronald Reagan que fut créée cette institution ?

3. Le cynisme en bandoulière

« Nous n'avons pas peur des ruines, nous qui portons dans nos cœurs un monde nouveau. » Rien ne résume mieux l'état d'esprit des écologistes et de leurs satellites, Anne Hidalgo la première, que cette citation de l'anarchiste espagnol Buenaventura Durruti que le secrétaire national d'EELV, Julien Bayou, avait choisi de placer en exergue de son ouvrage *En vert et avec tou.tes*. Le philosophe Günther Anders distinguait entre deux formes de cynisme, un cynisme à la manière des Anciens qui s'épuise dans la formule « Tout peut être anéanti » et un cynisme à la manière des Modernes qui peut s'énoncer sous la forme du « Tout peut être reconstruit, dès lors l'anéantissement n'est pas si grave et peut même être une chance ». Plus de perte, plus de deuil – ce mot si « humain », ainsi que l'observe magnifiquement Anders. Il semble bien que, tout à l'ivresse de la déconstruction, nos écologistes ajoutent une troisième modalité de cynisme, l'amoncellement des ruines les grise et il ne s'agit surtout pas de rebâtir, mais de vivre dans un monde où rien jamais ne se fixe. Le slogan de campagne de Sandrine Rousseau à la primaire d'EELV pour la présidentielle de 2022, en est l'expression achevée : « Oui, les temps changent », proclamait triomphalement la candidate. Comble du progressisme qui regarde le changement en soi, quel que soit son sens, comme une heureuse nouvelle, mais plus profondément conviction que le monde change dans « notre » sens. Une manière de dire : de votre vieux monde, de vos attachements, de vos fidélités, il ne restera rien. Et la même qui voue aux gémonies un Occident dont toute l'histoire se résumerait à « prendre, utiliser et jeter » la nature, le corps des femmes ou des racisés, ne se comporte pas autrement à l'endroit de la civilisation dont elle hérite. Mais c'est cela, aujourd'hui, être écologiste : *prendre, utiliser, jeter* la forme de vie occidentale et singulièrement française. Ainsi, en guise de nouveau monde, se déploie un amoncellement de débris. On détruit beaucoup en régime écologiste. Le nihilisme au sens où, inspirée par Brecht, Hannah Arendt l'entendait, caractérise la politique des écologistes. En face de nous, c'est surtout « le néant qui vient s'asseoir ». La politique conduite par Anne Hidalgo à Paris en offre un exemple magistral.

4. Huit + un

Depuis juin 2020, nous disposons d'un extraordinaire théâtre d'observation. Sans doute était-il inapproprié de parler de « vague verte » au lendemain des élections municipales – les écologistes ne devant souvent leur succès électoral qu'à un très fort taux d'abstention. Il n'en reste pas moins que Europe Écologie-Les Verts préside depuis lors aux destinées de huit villes, et non des moindres. Après Grenoble, conquise par Éric Piolle en 2014, lequel a été reconduit dans ses fonctions, Lyon, Bordeaux, Strasbourg, Annecy, Poitiers, Besançon et Tours sont désormais administrées par des élus verts. Théâtre d'observation d'autant plus précieux, et instructif, que les élus envisagent les villes dont ils sont devenus les princes comme des « laboratoires », des « laboratoires de transition », ou encore d'« expérimentation ».

Huit + un ? Un pour la capitale, car, bien que la maire de Paris, Anne Hidalgo, soit socialiste, elle a élevé l'écologie au rang de priorité absolue, fin légitimant tous les moyens, omelette justifiant tous les œufs cassés, mal éphémère pour un bien éternel, comme disait Hugo de la Terreur.

Que de fois, au cours de cette traversée, l'on songera au mot de George Orwell qui enchantait Simon Leys : « Vous devez faire partie de l'intelligentsia pour écrire [en l'occurrence dire, concevoir et réaliser] des choses pareilles, nul homme ordinaire ne saurait être aussi stupide » ou à celui de Montesquieu : « J'aime les paysans ; ils ne sont pas assez savants pour raisonner de travers ».

II. L'écologie, un nouveau facteur d'insécurité culturelle

La notion d'insécurité culturelle, forgée par Christophe Guilluy dans *Fractures françaises*, me semble parfaitement caractériser la politique des écologistes et la hantise d'une nouvelle dépossession qu'elle inspire.

En introduisant dans le vocabulaire politique et sociologique, la catégorie d'insécurité culturelle, Christophe Guilluy venait rappeler que l'homme, l'homme ordinaire, n'est pas qu'un *homo œconomicus* : il n'a pas pour seule passion son profit, son intérêt ; il est attaché à ces choses purement gratuites, inutiles, diront d'aucuns, mais essentielles à une vie humaine, que sont les mœurs, les traditions, le paysage, « son » paysage, ces éléments constitutifs d'un monde dont les altérations ou la disparition affectent, blessent, meurtrissent. La notion d'insécurité culturelle rappelle ainsi que « la fin du mois » n'est pas le seul horizon des classes populaires,

« la fin de *leur* monde », de leur univers familier, de la civilisation historiquement constituée dont ils sont les héritiers, les occupe et préoccupe non moins. Les classes populaires sont rebelles à l'uniformisation, à l'alignement, elles sont les vigies de la diversité, celles des lieux, des civilisations, partant, celles des espèces vivantes. À chaque région, son vin, ses fromages, ses bocages, parce que ses vignes, ses terres, ses bêtes, sa flore, son terroir.

Si l'écologie n'est pas populaire, ce n'est pas seulement parce qu'elle ponctionne des populations qui n'en peuvent mais, c'est aussi, et peut-être d'abord, parce que, comme l'ensemble de la gauche depuis des décennies, elle broie sous les meules de la raison abstraite – raison désormais écologiste, mais tout aussi géométrique – les mœurs, les usages, les habitudes. Avec pour onction et légitimation, la cause péremptoire du salut de la Planète, elle ignore les attachements et les fidélités des hommes et des peuples à leurs traditions, le besoin d'un univers familier. Pour le dire autrement, ce n'est donc pas seulement un amoncellement de taxes, d'impôts que l'autorité des écologistes et de la cause écologiste fait craindre aux classes populaires, mais les offenses faites à leur mode de vie, et plus précisément à leur entente de la vie. « Les ruraux ont peur qu'on leur impose panneaux solaires et éoliennes et qu'on ruine les paysages et l'identité de leur monde », observait dans un formidable entretien accordé au *Figaro* le politologue néerlandais Caspar van den Berg[1].

---

1. Caspar van den Berg : « Le rêve écologique des urbains ne droit pas briser le monde rural », propos recueillis par Laure Mandeville, *Le Figaro*, 18 mars 2021.

« Dans le tourbillon des mutations actuelles, le paysage apparaît comme un élément de stabilité et de permanence », rappelait Michel Périgord dans *Le Paysage en France*. En effet, et c'est capital, mais les écologistes n'ont cure du besoin humain de continuité, de stabilité. La société, les identités, pour eux ne sont jamais assez liquides, jamais assez fluides, ils ne savent rien et ne veulent rien savoir de l'inhumanité d'un monde qui n'offre rien de stable. Et c'est sous la même bannière que celle du parti éponyme, « En marche », le mot d'ordre de la modernité technicienne et fonctionnelle, qu'ils entendent entraîner les populations.

C'est hâtivement et à tort, que l'on assimile les écologistes aux Amish. Les élus et membres d'EELV, pour ne rien dire des militants, ne se regardent ni comme les dépositaires, ni comme le conservatoire d'un mode de vie, d'une langue, d'une civilisation. Seuls les grisent le mouvement, le changement, la rupture. Au lieu de se faire force de reconstruction, de restauration, les écologistes continuent le travail de sape commencé dans les années 1950-1960. Transformer une ville comme Paris en un chantier perpétuel, telle est la « réalisation », bien peu réalisation à la vérité, dont peut se glorifier Anne Hidalgo. La ville et la politique conçues comme « *Work in progress* », autrement dit. De cette griserie du mouvement, l'évolution de l'intitulé du ministère de l'Écologie est l'indice éclatant : le « ministère de la *Protection* de la nature et de l'environnement », comme on l'appelait du temps de sa création en 1971, a cédé la place au « ministère de la *Transition* écologique ».

Ne voyant rien de précieux dans le modèle français, fort de l'« urgence climatique » et plus largement écologique, ils se tiennent pour autorisés à défaire les anciennes représentations et à biffer les modes de vie, les usages, les traditions, ces éléments constitutifs d'une identité. Un peuple est une réalité sensible, un ordre symbolique qui s'incarne dans des manières de faire, des us et coutumes qu'on ne passe pas par pertes et profits. « Un peuple, disait Montesquieu, connaît, aime et défend toujours plus ses mœurs que ses lois », parce que ces dernières sont instituées quand les premières sont inspirées. Don, cadeau venu du fond des temps. Ce que le mot de génie d'un peuple indique et implique de singularité incontestable, mais non assignable à un auteur et à une date. Les coutumes, les habitudes, les usages sont l'âme d'une nation, comme sa langue, comme son histoire, comme sa littérature. Ils sont un ciment, une sorte de loi non écrite à laquelle chacun implicitement souscrit. L'aspiration des peuples à la continuité historique ne revêt aucune légitimité aux yeux des écologistes. S'ils militent ardemment contre l'obsolescence programmée de nos imprimantes et autres appareils électroménagers, ils ont programmé l'obsolescence du modèle français.

Quand l'écologie criminalise l'élevage et la consommation de viande, la corrida et le cirque, impose dans les cantines des repas végans, elle se regarde peut-être dans le miroir embellissant de la belle âme œuvrant pour le salut de la Planète, mais elle se prive de ses meilleurs alliés. De ceux qui ne s'enivrent pas des grands mots, mais sont réellement soucieux de maintenir vivante *leur* terre, d'assurer un avenir à *leurs* lieux. Or, on ne sauvera pas le monde sans prendre appui sur ces attachements premiers.

Après avoir subi l'assaut des impératifs de modernisation, de rentabilité et d'efficacité dans les années d'après-guerre, de la mondialisation, des directives européennes, de l'immigration massive, de la montée en puissance de l'islam, l'identité culturelle de la France se voit contestée et laminée par l'écologie. Or, cette hantise, les écologistes la regardent avec condescendance et mépris.

Les écologistes disent « nous savons » et ils vont les paupières closes. Sans considération, sans discernement et sans vergogne, au nom du salut de la Terre, ils bannissent la voiture et nous voudraient tous à vélo ou à trottinette, dictent les nouveaux régimes alimentaires et ruinent les paysages. Une avant-garde prétendument éclairée entend nous conduire au vert paradis de la sobriété, de la frugalité heureuse.

Les belles âmes écologistes caressent ainsi le rêve d'un « réensauvagement de la France » et la jouissance de « spectacles grandioses », d'espaces libérés des hommes où prospéreraient loups, ours, lynx. Sauf que la France n'est pas l'Amérique, elle n'est pas même l'Allemagne. Sylvain Tesson a très bien rendu compte de cette singularité française dans un article de la revue *Zadig* : « La France, écrit-il, n'est pas un espace sauvage. Deux mille ans de labour ont fait de cette terre (Péguy) une marqueterie somptueuse et hautement artificielle. [...] Les Français, poursuit-il, n'ont pas cultivé un rapport d'étonnement ou de resourcement face au "sauvage". » La France est la patrie des formes, de la mise en forme, respectons et cultivons son génie propre, plutôt que de vouloir l'aligner sur un modèle qui est contraire à son esprit.

La question du réensauvagement est de ces questions impossibles à reconduire à l'alternative manichéenne du bien et du mal. Les gardiens de la diversité des espèces n'ont pas nécessairement tort, mais les bergers ont non moins raison. Personne n'a peint comme La Fontaine le spectacle de désolation que laisse derrière lui le loup après avoir commis « ses meurtres » :

« Les marques de sa cruauté
Parurent avec l'Aube : on vit un étalage
De corps sanglants et de carnage.
Peu s'en fallut que le Soleil
Ne rebroussât d'horreur vers le manoir liquide[1]. »

Le jour tenté de ne pas se lever… Conçoit-on image plus puissante pour dire l'atrocité de la scène ?

Dans leur fièvre de rupture et de table rase, réjouissons-nous que les écologistes soient amnésiques et ne se montrent guère friands que de produits neufs et frais, cela nous évitera de les voir militer pour l'abandon du calendrier chrétien – abcès de fixation des promoteurs de la société multiculturelle, « inclusive » – au profit du calendrier révolutionnaire. Calendrier scandé par les travaux et les jours de la terre, digne de l'estampille « écologique » et dont l'institution visait à marquer l'avènement d'une ère nouvelle.

Les écologistes se comportent ainsi avec la même indélicatesse, la même brutalité que les technocrates des années 1950-1960. À cette différence près qu'aux lendemains de la guerre, le chambardement des manières de vivre, des habitudes, des savoir-faire traditionnels ne se sont pas faits contre les intéressés, mais avec leur approbation : humbles, confiants, complices même,

1. Fable « Le Fermier, le Chien, et le Renard ». Référence au festin où Atrée, ayant tué les deux fils de Thyeste, les lui offrit à dîner. Le Soleil refusant ses rayons à cet horrible spectacle, se réfugia dans l'océan, ainsi que l'explicite Marc Fumaroli dans son édition des *Fables* de La Fontaine, La Pochothèque, coll. « Classiques Modernes », 2009.

alors que les scientifiques, les experts et les technocrates acquièrent un pouvoir exorbitant. Les paysans ont cru et voulu croire dans les promesses d'une vie meilleure qui leur étaient faites. Ce point est lumineusement établi par Jean-Pierre Le Goff dans *La Fin du village. Une histoire française*.

Modestie et confiance dont Éric Rohmer s'est fait le témoin. Dans *L'Arbre, le maire et la médiathèque*, le cinéaste filme des paysans, et les interroge sur les diktats auxquels ils ont été soumis à partir des années d'après-guerre, ainsi par exemple, de l'injonction de « cultiver le maïs pour nourrir les vaches plutôt que de les amener au pré, en pâture ». L'un d'eux confesse – j'utilise à dessein ce verbe car notre paysan est comme pétri d'un sentiment, sinon de faute, du moins de faiblesse – qu'il aurait préféré continuer à nourrir ses vaches au pré : « Je suis vieux jeu, pas moderne, vous comprenez », « Qu'est-ce qui nous a conduits à cette aberration, selon vous ? » demande la journaliste, interprétée par Clémentine Amouroux : « Le progrès, l'évolution. Ça arrêtera peut-être un jour, on ne sait pas. » Ce qu'il sait, en revanche, et d'un savoir certain, d'un savoir-faire ancestral et longtemps pratiqué : « la qualité de la viande, du lait, du beurre, quand elles mangent du pâturage, de l'herbe fraîche, c'est meilleur, ce n'est que de la conserve qu'ils font ».

1. Les écologistes et l'entente française de la vie

Viande de synthèse ? « On a trois, quatre ans de retard sur les États-Unis ou les Pays-Bas », gémit Cédric Meston, cofondateur des Nouveaux Fermiers. L'éolien ? « On est dans une remise en cause permanente », s'impatiente le co-animateur du Club des collectivités locales éoliennes, « Comment en finir avec le retard français ? » se demandent régulièrement bon nombre de médias. Charte des droits des animaux ? « La France constitue l'exception à travers le monde et non la norme » s'agaçait Peter Singer comme hier Judith Butler s'irritait d'un pays rétif à l'introduction de la théorie du genre. Le réensauvagement ? « En France, observe l'un, les réintroductions d'animaux sont plus délicates que dans d'autres pays d'Europe », « la question est sensible », confirme un autre.

Une fois encore, ce « vieux peuple chargé d'expérience », comme disait Bernanos, se distingue. Il traîne des pieds. « Il ne marche pas », suscitant le courroux des activistes de la cause climatique et animale.

À quoi se heurte l'écologie militante et idéologique en France ? À ce qui exaspère tant l'ultralibéralisme : les Français n'ont pas suffisamment l'esprit géométrique... La raison économique, mathématique, ne règne pas seule en maître. L'esprit de finesse fait valoir ses droits. Il est une entente française de la vie et nous nous y plaisons.

Les Français ne sont pas indifférents au réchauffement de la planète, au traitement réservé aux bêtes, à la préservation des espèces animales, mais ils ont la faiblesse d'être attachés à leurs paysages, à leur gastronomie, à une certaine idée pas seulement de la France, mais d'une vie digne d'être vécue. Ils apprécient, ils pèsent. On nous soupçonne de manquer du sens et du sentiment de la nature. Nous souffrons d'une mauvaise réputation à cet égard, mais cette assertion résiste difficilement à l'épreuve de notre littérature et de notre peinture. N'oublions pas que, jusqu'à ce que la dictée et la récitation soient jugées caduques par la pédagogie progressiste, les élèves de primaire apprenaient la langue et formaient leur intelligence et leur sensibilité dans les poèmes de Vigny (*La Mort du Loup*), de Musset (*Le Pélican*), de Ronsard, dans la lecture de George Sand. Et nos peintres sont demeurés plus longtemps que leurs semblables européens des explorateurs de la nature.

La belle expression d'« entente de la vie », je l'emprunte à Henry James qui a magnifiquement saisi et traduit l'esprit français, la singularité française. Vous pouvez tout reprocher aux Français, leur vanité, leur orgueil, dit en substance James, mais il est une chose que vous ne pouvez pas leur refuser, c'est leur génie d'aménager le séjour terrestre : « Les Français se sont toujours flattés d'aller plus loin dans l'art de vivre, dans ce qu'ils appellent l'entente de la vie[1] que tout autre peuple et, à quelques restrictions près, leur prétention est justifiée. [...] Le problème de l'existence est ici résolu de façon plus confortable que partout ailleurs », écrit-il. Et le romancier américain, correspondant pour le *New York Tribune* et témoin de la vie parisienne d'ajouter : « Pourvu que vous viviez selon les sens, vous vous y trouverez heureux. »

C'est bien là la pomme de discorde. La France a tout pour déplaire à l'écologie telle qu'elle s'incarne aujourd'hui, une écologie d'inspiration nordique et anglo-saxonne, marquée par le protestantisme et portée à l'ascétisme[2]. Assez badiné ! nous répète-t-on à

1. En français dans le texte.

2. Sur cette généalogie et ce que l'on peut appeler le différend de l'èthos protestant et de l'èthos catholique, il faut lire la somme publiée par Jean-Robert Pitte en 2020 aux éditions Tallandier, *La Planète catholique. Une géographie culturelle*, et les remarquables chapitres, « La "nature" au service des hommes » et « Paysages catholiques ».

l'envi. Il est grand temps de renoncer aux splendeurs voluptueuses de la chair[1]. Et avec quelle gourmandise nous condamne-t-on à la sobriété et à la frugalité !

Si les écologistes sont assoiffés de sens – « redonner du sens à la vie quotidienne », « à la politique », « à l'économie », « remettre du sens dans nos vies » –, ils se montrent très peu regardants sur les cinq sens, quand ils ne s'emploient pas à les dégrader. On comprend que la France ne soit guère leur genre. Faux procès, me dira-t-on.

La vue ? Les offenses faites au paysage et à la beauté ne sauraient les mouvoir ni les émouvoir, le militantisme éolien l'atteste cruellement.

L'ouïe ? Leur traitement de la langue l'indique assez, car celle-ci est d'abord une affaire d'oreille. Écoutons Boileau : « Le vers le mieux rempli, la plus noble pensée/Ne peut plaire à l'esprit quand l'oreille est blessée ». Or, l'oreille est éminemment blessée par la novlangue des écologistes, la féminisation des mots, le « bégaiement » inclusif, selon l'expression, inspirée, d'Alain Finkielkraut[2], l'abstraction technocratique.

L'odorat ? Leur traque obsessionnelle du « nauséabond » est plus que partielle et partiale.

Le toucher ? S'il se juge à cette belle vertu qu'est le tact, comme nous y invitait Bergson : « Confions l'enfant à un vrai maître, exhortait le philosophe, qu'il perfectionne le toucher au point d'en faire un tact : l'intelligence remontera de la main à la tête. » – on

1. C'est déjà le sens que Jankélévitch, dont je m'inspire ici, attachait à l'avènement de l'art abstrait, de la musique sérielle, une manière de « faire payer » aux Français leur « complaisance au plaisir ». Vladimir Jankélévitch, « L'austérité et la vie morale » in *Philosophie morale*, édition établie par Françoise Schwab, Flammarion, 1998, p. 381-385.

2. Alain Finkielkraut, *L'Après littérature*, Stock, 2021, p. 52.

ne saurait dire qu'il soit chez eux très développé. La hantise d'« offenser le genre humain » (Élisabeth de Fontenay) ne les étreint guère. Le doute leur est un continent étranger. « La condition des bêtes sauvages encagées est, si l'on s'y arrête, un tourment pour l'esprit. » Qu'on aimerait des écologistes à la hauteur de Colette ! Mais les nôtres ignorent tout du tourment, ils ne connaissent que l'indignation. L'inquiétude ne les visite guère, en tout cas jamais publiquement. Pour penser et écrire comme l'auteur de *La Paix chez les bêtes*, il faut admettre la complexité du réel, être capable de discernement, de doigté, et ne pas mépriser l'homme.

Quant au goût et à son fleuron, la gastronomie à la française, ont-ils un autre avenir que celui de comparaître devant le tribunal des émules de Greta Thunberg ? En 2010, le repas gastronomique à la française était classé au patrimoine mondial de l'Unesco, lequel se doit, selon l'instance internationale, de « respecter un schéma bien arrêté : il commence par un apéritif et se termine par un digestif, avec entre les deux au moins quatre plats, à savoir une entrée du poisson et/ou de la viande avec des légumes, du fromage et un dessert ». Il suppose également « une gestuelle spécifique pendant la dégustation : humer et goûter ce qui est servi à table ». Quel président de la République, comme Nicolas Sarkozy en son temps, apporterait son soutien aujourd'hui à pareille initiative, à l'heure de l'injonction à la frugalité et du véganisme triomphant ?

L'écologie qui nous gouverne est d'inspiration protestante, on l'a dit. Elle regarde avec anxiété ce plaisir des sens que les Français font profession de cultiver. « Assez badiné ! » nous intime-t-elle. Or, l'hédonisme n'est pas la débauche des sens – Michel Onfray l'a souverainement établi au fil de ses ouvrages –, il est « d'abord l'art d'éviter les déplaisirs », ainsi que le martèle le philosophe, art de jouir de ce qui s'offre à nous ; il est une esthétique et une éthique de la vie. Et nous voilà devenus, ou en passe de devenir, étrangers à notre génie propre, disposés à plaider coupables.

Lisant *Duo* de Colette, Virginia Woolf est saisie de mélancolie : « Dieu que les Français sont ardents, civilisés et sensuels comparés à nous, et combien cela libère l'âme de boire une bouteille de bon vin tous les jours et de s'asseoir au soleil, et même le clergé en robe blanche sous ses Palanquins ne me déplaît pas, il me fait même déplorer notre rigide et sombre protestantisme. » Il nous appartient de ne pas nous laisser intimider par la rhétorique apocalyptique qui dispose à tous les sacrifices et d'établir l'expérience sensorielle et sensuelle en sentinelle de la terre et des bêtes, nous y reviendrons dans la dernière partie.

Mais quittons les généralités, rendons-nous sur le terrain afin de donner un contenu précis à cette insécurité culturelle dont les écologistes sont les nouveaux acteurs et aux offenses faites à l'entente française de la vie.

2. *Le rabot rabote*

D'entrée de jeu, ou presque, le ton était donné. À peine élu, le maire de Lyon convertissait son administration à l'écriture inclusive, annonçait qu'il n'accueillerait pas en 2021 le Tour de France, « trop machiste, trop polluant », et rompait avec une tradition qui remontait au XVIIe siècle en refusant de participer à la cérémonie du Vœu des échevins, tradition qui n'avait pas été sans discontinuité depuis 1643, mais avait été restaurée en 1970, et perpétuée par les édiles depuis lors. Grégory Doucet invoquait le principe de séparation des Églises et de l'État, sauf que... le lendemain, le même assistait à la pose de la première pierre de la future mosquée du quartier de Gerland. L'édile de Bordeaux, quant à lui, proclamait qu'il ne reconduirait pas la tradition des sapins de Noël sur les places de la ville. Quelques mois plus tard, la maire de Tours s'illustrait en décrétant : « Vous ne vous rendez pas compte des rêves dont on doit préserver les enfants. L'aérien, c'est triste, ne doit plus faire partie des rêves d'enfants d'aujourd'hui. » La phrase avait été prononcée au sein du conseil municipal, en réponse à une élue LREM qui lui objectait que les aéroclubs dont elle décidait, au nom de la lutte contre la pollution, de réduire drastiquement les subventions avant de les supprimer intégralement, avaient permis à des enfants handicapés, au travers de l'opération « Rêve de gosses », d'effectuer leur baptême de l'air. « À nouveau projet écologique, nouvel imaginaire », renchérissait Léonore Moncond'huy sur Twitter.

Acharnement de quelques mauvais esprits prompts à se saisir du moindre détail pour disqualifier les écologistes? Je ne le crois pas. Il est significatif que les premières mesures prises par les maires EELV au lendemain de leur élection soient toutes tournées contre les mœurs, les traditions et la langue. Nous avons là le sens profond de leur politique, qui n'est pas une politique, mais une ingénierie. Les villes et leurs habitants n'y sont considérés que comme de la matière à façonner selon leurs Idées. Les traditions propres à chacune de ses villes ne les obligent à rien. Changer leur physionomie et les « réinventer » toutes sur le même modèle constituent leur programme. Que vous soyez Pierre Hurmic à Bordeaux, Éric Piolle à Grenoble, Grégory Doucet à

Lyon, Léonore Moncond'huy à Poitiers, Jeanne Barseghian à Strasbourg, Emmanuel Denis à Tours, ou Anne Hidalgo à Paris, le rabot rabote : langue et écriture inclusives, végétalisation, traque à la voiture, budget genré, cour dégenrée.

Nul égard, nul scrupule, nulle main qui tremble. Toutes ces belles et nobles dispositions que la prise de conscience de la fragilité de la Terre aurait dû restaurer leur demeurent désespérément étrangères. Or, la cause de la nature et celle de la culture ont partie liée : l'une comme l'autre dépendent de cet être qu'est l'homme capable de prendre soin de ce qui lui est confié, capable de voir un don dans le donné de l'existence – que ce donné soit naturel ou culturel. Les écologistes les opposent, jouent l'une contre l'autre. Au nom de la nature, ils assassinent la culture. Rien, hier, n'échappait à la rationalité économique ; rien, désormais, n'échappera à la rationalité écologique.

Si l'offensive de Léonore de Moncond'huy contre l'imaginaire de l'aviation a tant frappé, c'est qu'elle trahissait les ambitions chimériques et démiurgiques des Verts. La maire de Poitiers se montrait résolue à réformer l'imaginaire du vol, un des rêves humains les plus obstinés, un rêve aussi ancien que l'humanité, si l'on peut dire. Souhaitons que la ville d'Amboise ne tombe jamais sous la férule d'un maire écologiste : qu'adviendrait-il du Clos Lucé, de Léonard de Vinci, de ce « rêve du vol » qu'il a nourri avec fièvre, de ces machines volantes qu'il a conçues et qui traduisent la quête inlassable du maître ? L'écologie devient le prisme au travers duquel toute la réalité est appréhendée. C'est cela l'idéologie, la passion idéologique.

Le sapin bordelais en est un autre bon exemple. En septembre 2020, à l'occasion de sa conférence de presse de rentrée, le maire EELV de Bordeaux annonçait, j'y ai déjà fait allusion, la suppression des arbres de Noël sur les places de la ville : « Je garde souvenir de cet arbre mort qu'on faisait venir tous les ans [sur la place Pey-Berland]... Ce n'est pas du tout notre conception de la végétalisation. » Motif extravagant, car la « végétalisation » – un de ces mots qui composent le lexique des écologistes –, ce n'est pas non plus l'objet du sapin ! Il n'est pas là pour « végétaliser » la ville, mais pour signifier le renouveau, la re-naissance – si le christianisme a pu s'approprier ce rite païen, c'est que la naissance de Jésus, l'avènement du Christ porte lui-même la promesse d'un nouveau commencement. Avec « Un enfant nous est né », c'est l'espoir que le monde n'ira pas à sa perte qui se lève et s'élève, ainsi que l'a magnifiquement interprété Arendt. Pouvait-on concevoir, à l'heure de la hantise climatique, plus belle métaphore de la fatalité déjouée, de la foi dans la possibilité d'infléchir le cours en apparence fatal des choses que l'arbre de Noël ! Mais, dans le sapin, Pierre Hurmic ne voit, n'entend, ne sent que la mort. À quand une taxe prohibitive sur les sapins afin de décourager les familles de perpétuer la tradition au sein de leurs foyers ? Quel avenir également pour le bouquet de fleurs ?

3. *Le Christ à trottinette*

Dans *L'Éducation sentimentale*, sur fond de révolution de 1848, Flaubert raconte la visite de son héros, Frédéric Moreau, au banquier Dambreuse. Le riche propriétaire, « de tous les Français celui qui tremblait le plus fort », redoutant que le peuple ne portât atteinte à ses biens, s'efforçait de donner des gages de sa dévotion au nouveau pouvoir. Ainsi, avait-il pris soin d'acheter un tableau fraîchement peint par Pellerin, l'artiste du roman, représentant « la République, ou le Progrès, ou la Civilisation, sous la figure de Jésus-Christ conduisant une locomotive à travers la forêt vierge ». Aujourd'hui, avec les Verts pour guides, l'humanité est toujours en marche, mais si un peintre devait donner à cette fuite en avant une figure d'incarnation, ce ne serait plus un Christ conduisant une locomotive, ce symbole même de l'âge industriel, mais, à n'en pas douter, un Jésus monté sur une trottinette. Plus encore qu'enfourchant une bicyclette.

L'homme à trottinette est en effet la grande innovation de l'humanité écologiste. Jusque dans les années 2000, la trottinette était un jouet, destiné aux enfants, et non un moyen de transport. Innovation, et mutation. L'adoption par les adultes d'un jouet d'enfant est symptomatique de l'essentielle immaturité des écologistes. Dans son grand livre *Homo ludens*, Johan Huizinga distingue entre le jeu et la puérilité. Par puérilité, il entend ce « phénomène de la vie sociale où l'homme d'aujourd'hui, surtout comme membre de quelque collectivité, semble se comporter suivant l'échelle mentale de la puberté ou de l'adolescence », se voulant « libre du frein de l'éducation, des formes de la tradition » et renonçant « volontairement aux prérogatives de sa maturité ». La ressemblance est troublante. « Ne jamais vieillir » se promettaient les révolutionnaires de Mai 68 – une hantise analogue agite les écologistes.

Infantile, la trottinette, mais aussi, au risque d'être accusée de sexisme, formidablement féminine de par son caractère, sa grâce, diront d'aucuns, aérienne, ailée. Et ce n'est pas la moindre de ses vertus aux yeux de nos écologistes. L'acharnement des Verts et singulièrement de la maire de Paris, Anne Hidalgo, contre la circulation automobile ne s'explique pas par le seul souci du climat et la traque des émissions de dioxyde de carbone, la répulsion est d'abord morale. Diesel, hybride, électrique, peu importe en somme, la voiture est l'emblème du machisme et c'est en tant que tel qu'elle est congédiée des villes écologistes. Ce que confirme l'universitaire Marc Langenbach, maître de conférences en géographie : « L'objet voiture, explique-t-il, cristallise les critiques, d'une part, car il est en contradiction avec la transition énergétique, mais aussi parce qu'il est lié à des valeurs masculinistes et virilistes. » La croisade parisienne antivoiture n'a pas d'autre fin que d'avoir à l'usure, si l'on peut dire, les automobilistes : la limitation de vitesse à 30 km/h, dont chacun sait que, loin d'améliorer la « qualité de l'air », elle la détériore, en est un puissant indice – les élus ne cherchent même plus véritablement à le dissimuler.

De l'homme des écologistes, la trottinette dit aussi les affinités avec l'anthropologie libérale, individu-monade, force qui va, fendant l'espace, sans égard pour ce qui l'entoure.

Associée au seul imaginaire de l'enfance, la trottinette présente une supériorité incontestable sur le vélo, elle est pure de toute association machiste. Le vélo souffre en effet, aux yeux de certains écologistes, d'être associé dans la mémoire collective au Tour de France, manifestation « machiste et polluante » pour le maire de Lyon, Grégory Doucet, dont un des premiers actes de sécession avec le vieux monde, alors qu'il venait d'être élu, fut de refuser l'accueil à la Grande Boucle pour l'édition 2021. À l'inverse, sa collègue de Poitiers ne chicanera pas sur le détour des sportifs par sa ville, non pas que l'attachement des Français à l'événement lui soit un motif suffisant, le trébuchet reste le même, seul le verdict varie, le Tour est, selon elle, écolocompatible : « Le cyclisme est un sport qui se concilie très bien avec l'écologie. » Il est une famille de deux roues ouvertement pourchassée par les écologistes : la moto. Objet délictueux qui a donné lieu à une de ces bouffonneries dont les écologistes, toujours chaussés des mêmes lunettes à un ou double foyer, aiment à nous régaler : en 2021, en hommage au chanteur disparu Johnny Hallyday, le plasticien Bertrand Lavier soumet à la mairie du XIIe arrondissement parisien, le projet d'une sculpture consistant en une superposition d'objets, une Harley Davidson tournée vers le ciel à l'extrémité d'un mât en forme de manche de guitare en acier de 4,75 mètres de haut. Avant même toute discussion avec les élus du conseil municipal, Emmanuelle Pierre-Marie, maire écologiste du XIIe arrondissement, tranche : « Au moment où nous voulons créer une ville durable, apaisée, le projet met surtout en scène une Harley Davidson qui symbolise tout autre chose. » Tout autre chose ? La pollution et le bruit, sans doute, mais non moins et peut-être d'abord... l'hypervirilité. « Tout ce que les Verts rejettent », conclut le journal *Le Monde* qui relate l'histoire. Le kitsch de l'œuvre n'offense personne, et surtout pas notre élue verte. La beauté est indifférente aux écologistes, nous y reviendrons. Une œuvre est légitime pourvu qu'elle serve à l'édification des masses, qu'elle travaille au changement des mentalités, bref fasse avancer l'humanité dans la voie du Bien. Et manifestement l'installation de Lavier ne remplit pas le cahier des charges. « Quoi !

Rien de civilisant et de progressif ! » s'indigne l'écologiste comme au XIXe siècle le critique utilitaire[1]. Interrogé sur la polémique suscitée par son installation, Bertrand Lavier regrettera la montée en puissance de ces écologistes « pris dans une sorte de petit obscurantisme à idées fixes » et se plaira à rappeler qu'« affirmer qu'une moto est un objet violemment machiste, c'est oublier combien de femmes font de la moto aujourd'hui[2] ».

Fin mot de l'histoire : la statue fut finalement installée et inaugurée par Anne Hidalgo, mais l'élue verte obtint malgré tout, sorte d'émasculation symbolique, que la moto fût amputée de son moteur !

4. *Le bœuf clandestin*

« L'élevage émet plus de gaz à effet de serre que les transports », annonçait avec gourmandise le site Mediapart. À la rentrée 2021, l'enseigne de produits biologiques La Vie claire mettait à disposition de ses clients et d'abord de la jeunesse, une sorte de table écologique de la loi, comprenant quatre commandements, commandements rebaptisés « défis écolo de la rentrée » : « Défi 1 : J'adhère au "lundi vert" » et le prospectus de détailler le programme : « Décide de ne plus manger de viande, ni de poisson, le lundi, pendant un certain temps (un mois, deux mois, six mois...). Pourquoi ? Parce que c'est bon pour la planète et

1. Citation extraite de l'extraordinaire et toujours féconde préface de Théophile Gautier à *Mademoiselle de Maupin*. À méditer en ces temps de réquisition de l'art et de la pensée par les questions sociétales.

2. « Le plasticien Bertrand Lavier à la Bourse du commerce : "Je ne sors pas indemne de cette expérience" », *Le Monde*, 5 août 2021.

pour ta santé de diversifier un peu ton alimentation, grâce aux légumineuses. [...] Bien sûr, il faudra que tu persuades tes parents de participer et d'inscrire ta famille en allant faire un tour sur le site : www.lundi-vert.fr. »

Le Lundi vert est un mouvement lancé en janvier 2019 à « l'appel de 500 personnalités » réunissant des acteurs (Isabelle Adjani ou Juliette Binoche pour ne citer qu'elles), le très médiatique « moine bouddhiste » Matthieu Ricard, Yann Arthus-Bertrand, etc., et proscrivant la consommation de viande, de poisson et de fruits de mer, et ce, au nom de la Planète, de notre santé (consommer de la viande, c'est être assuré de développer un cancer) et du bien-être animal... N'en jetez plus ! Décidément, le mois de janvier, après les agapes, coupables, fatalement coupables, de fin d'année, est le grand mois de l'abstinence. Le Lundi vert venant compléter le *Dry January*, cette injonction importée de Grande-Bretagne et bannissant la consommation d'alcool un mois durant, dans l'espoir d'un sevrage définitif.

Avec la voiture, la viande est l'autre abcès de fixation des « éveillés » du climat, de l'écologie et de la « cause animale ». La réduction voire la suppression de la consommation de viande est un des articles de la foi verte presque aussi profondément ancrés que la lutte contre la voiture. Les rapports du Giec le prêchent à chacune de ses nouvelles publications. Tout conspire dans le sens de l'abolition de l'élevage : la vache, mais le mouton, mais l'agneau comparaissent devant le tribunal du réchauffement climatique. Le verdict tombe sans appel : bovins, ovins émettent des gaz à effet de serre – rappeler qu'ils capturent aussi du carbone, pourvu qu'ils soient élevés traditionnellement, compliquerait par trop le tableau ! Quant aux animalistes et antispécistes, mornes rejetons de Michel Foucault, qui ne veulent voir dans les liens que nouent les hommes avec les bêtes que des liens de domination et d'exploitation, ils se donnent pour mission de « libérer les animaux » de la domination humaine.

Sur ce chapitre, les écologistes cultivent l'ambiguïté. L'« abolition de l'élevage » n'est pas explicitement leur combat toutefois, et dans leur fièvre démiurgique, il ne leur déplairait pas de contribuer à l'avènement d'une humanité végétarienne et mieux encore végane. Rappelons que les végétariens ne consomment pas de viande, pas de poisson, pas de fruits de mer, mais s'autorisent les œufs, les laitages, le fromage tandis que les végans proscrivent tout produit d'origine animale (chaussure, sac, vêtement en cuir notamment).

Et, dans cette brèche, s'est allègrement engouffrée une nouvelle industrie : l'industrie de la « viande » de synthèse. Et, comme dans le cas des éoliennes, les industriels ne trouvent pas de meilleurs alliés que les belles âmes de la cause du climat et du bien-être animal. Évidemment, avançant sous le masque du *start-upper* innovant, dynamique, souriant, bref « sympa », on en oublierait presque qu'il s'agit d'industriels financés par les Gafam – Google, Apple, Facebook, Amazon, Microsoft –, la fondation Bill Gates et les plus grands fonds d'investissement. Mais aussi de produits industriels comme les autres, dont « la fabrication est tout aussi opaque », ainsi que le développe Jocelyne Porcher dans *Cause animale, cause du capital*. Le « steak » ou la « saucisse » cellulaire parachèvent le processus d'industrialisation de la production de viande. Ils ne sont pas l'opposé de l'élevage industriel, ils en sont le couronnement. Au nom de la nature, l'industrie alimentaire étend son empire ! Drapée dans les habits de la morale, la société française Gourmey (!) promet de « réinventer un pilier de notre gastronomie en version éthique » : le foie gras. Son slogan ? « Foie gras garanti sans gavage, sans abattage, bon pour la Planète, *made in France*[1]. » « *Clean Meat* », selon le slogan des marchands de ce produit frelaté, propre pour la Planète, propre pour les bêtes puisque sans abattage. La propagande tourne à plein : « Les fondateurs se lancent parce qu'ils sont motivés pour rendre le monde meilleur et pour réduire la souffrance animale. » Sans doute la directrice de l'association Agriculture cellulaire France, Nathalie Rolland, qui travaille précisément sur « les conditions d'acception par le consommateur de la viande de laboratoire », croit-elle avoir trouvé là le sésame pour nous convertir… « Rendre le monde meilleur » ? Qu'elle nous permette, instruits que nous sommes par l'histoire, de nous méfier de ceux qui s'avancent sur la scène du monde sous cette bannière.

Les promoteurs de la viande de synthèse, parmi eux Thomas Lepeltier, co-auteur de l'ouvrage *Plaidoyer pour une viande sans animal*, reprochent à la France de s'opposer « par principe » au substitut chimique de la viande et par là même de brider l'essor de start-up capables de fabriquer ce produit tout industriel. *Par principe*, en effet, et c'est une très noble chose. Agir par principe, c'est agir par fidélité à ce qui se trouve aux fondements d'une civilisation, autrement dit à ce qui a été déposé par nos ancêtres. C'est poser la question de la fin de ce que nous faisons. C'est maintenir

1. https://www.agrodistribution.fr/du-foie-gras-cellulaire-sans-canards-ni-oies-1,0,440028159.html.

un écart, salvateur, entre ce que la science et la technique rendent possible et ce qui est souhaitable.

À quel titre et au nom de quels principes ne voulons-nous pas remplacer la viande par un produit de synthèse ? Non pas pour ses vertus nutritionnelles, on nous promet qu'elles seront similaires et nous n'avons pas de raison d'en douter. Pas même, mais on peut davantage en douter, pour des raisons gustatives. On nous assure que la duperie est parfaite : couleur, texture, goût, rien n'y paraît. Les faux steaks grésillent pendant la cuisson, ils sécrètent un liquide… Bref, à s'y méprendre !

Les apparences sont peut-être sauves, mais la *Clean Meat* signifie rien de moins que « l'exclusion même de la vie », ainsi que le décrit Jocelyne Porcher, l'auteur de *Vivre avec les animaux. Une utopie pour le* XXI*e siècle*. « Il faut savoir ce que l'on risque de perdre avec la fin de l'élevage », insiste très pertinemment la chercheuse à l'Inra. Maxime de sagesse qui devrait en tout domaine prévaloir, soit dit en passant. Quelle que soit l'urgence du moment, avant de trancher en faveur de la viande de synthèse, comme en matière d'éoliennes, comme en mille autres questions, nous serions bien avisés de considérer et ce que l'on hasarde et ce que l'on poursuit.

Ce que l'on poursuit ? Une chimère : sous couvert de lutte contre le réchauffement climatique et contre la souffrance animale, l'avènement d'une humanité non carnivore.

Ce que l'on hasarde ? Une histoire millénaire, non une histoire de domination et d'exploitation, mais « un art de la relation », ainsi que le décrit si finement Jocelyne Porcher ; un savoir-faire, une culture, des prairies et donc des paysages. Cédons la parole à Italo

Calvino escortant son personnage Palomar dans une boucherie parisienne : « Les réflexions inspirées par une boucherie à celui qui y entre avec son sac de provisions impliquent l'usage de connaissances transmises au cours des siècles dans différentes branches du savoir : la compétence à propos des viandes et des découpes, la meilleure façon de cuire chaque morceau, les rites qui permettent d'apaiser le remords d'avoir mis fin à d'autres vies afin d'en nourrir la sienne. »

À ceux qui sont réellement, et également, soucieux du traitement réservé aux bêtes et de la continuité historique de nos civilisations, rappelons avec Jocelyne Porcher qu'« il est possible de sortir les animaux des systèmes industriels sans les sortir de nos vies. Entre l'agriculture industrielle qui massacre les animaux et la Cell Ag [agriculture cellulaire] qui va les faire disparaître, il existe une autre voie : refaire de l'élevage ».

Consommer de la viande ne va peut-être pas sans tourment de l'esprit, mais nous sommes carnivores, et « tout en reconnaissant, avec le Palomar de Calvino, dans la carcasse de bœuf qui pend la personne de [notre] propre frère équarri », nous continuons de « saisir dans une boucherie *la promesse du bonheur gustatif* ». Promesse que, en dépit de la propagande végane, nous continuons, heureusement, d'entrevoir. Ce fut d'ailleurs une, et peut-être la seule bonne nouvelle des périodes de confinement dans le contexte de la crise sanitaire du Covid-19, que l'allongement des files d'attente devant les boucheries, y compris dans un quartier parisien comme celui de la Butte-aux-Cailles, sociologiquement « bourgeois bohême ».

La question de l'abolition de l'élevage est saturée d'idéologie. Ce combat est celui des antispécistes et des animalistes, et ils ont réussi ce coup de maître d'entraîner derrière eux une partie des écologistes. Si les antispécistes, qui ne connaissent pas d'autres causes que celles des bêtes et de leur souffrance, ne concèdent rien aux écologistes, l'inverse ne se vérifie pas. Les écologistes sont extrêmement poreux aux injonctions antispécistes et ne manquent pas de se faire leurs ardents émissaires dans les conseils municipaux, dans les ministères et au Parlement[1]. Les municipalités passées au vert ne le cachent pas : elles donnent volontiers audience et non moins traduction politique, aux revendications des associations animalistes.

« Autant le véganisme me semble aberrant, autant je vois mal à quel titre on devrait s'opposer à la production de viande cellulaire », soutient avec sa morgue habituelle le philosophe Luc Ferry persiflant ces « esprits horrifiés par tout ce qui nous éloigne de la nature et de la tradition ». Ce n'est pas tant, ce n'est pas seulement ce qui nous éloigne de la nature et de la tradition qui nous horrifie, mais l'idée de l'homme et l'idée de la civilisation que cette tradition portait, et singulièrement la tradition de l'élevage. Ce qui nous horrifie, en effet, dans cette substitution d'un produit animal par un produit industriel, c'est l'exaltation d'un homme qui coupe chacun des liens qu'il avait su tisser avec ce qui n'est pas lui. Ce qui nous horrifie dans la promotion de ce leurre, c'est la perspective d'un monde où l'homme ne rencontrerait plus que des produits faits de main d'homme. Partout des blouses blanches et des laboratoires ! Nous ne cultivons pas le fétichisme du passé, mais nous

1. Il faut lire la remarquable enquête, conduite par Édouard de Mareschal et Clément Fayol, « Des abattoirs aux couloirs de l'Assemblée nationale. La grande offensive des végans » parue dans *Le Figaro Magazine* du 7 mai 2021.

aspirons à préserver ce qui élargit notre expérience plutôt que ce qui la rabougrit.

De ces intellectuels volontiers zélateurs des nouvelles technologies et autres promesses d'un monde meilleur, Paul Virilio disait qu'ils étaient « certainement utiles à la publicité des nouveaux produits », mais nullement « à la politique de ces nouvelles technologies[1] ». Or, aujourd'hui, c'est la politique qui est en jeu et elle n'est guère vaillante. La vulnérabilité de nos politiques face aux injonctions écologiques est telle que la citadelle française menace bien de tomber. Le ministre de l'Agriculture de la présidence Macron, se fait le chantre de l'élevage français, assure que « si un jour la Commission européenne venait à autoriser la viande cellulaire, alors il faudra que la loi française vienne à l'interdire », mais, dans le même temps, il se défend de faire obstacle au développement des entreprises spécialisées dans ce domaine.

On aura reconnu dans le titre que j'ai choisi de donner à cette trop brève réflexion sur la viande, une référence à Marcel Aymé. Espérons que nos végans et autres promoteurs de repas sans viande, sonores et volontiers terrorisants, se délectent secrètement, à l'exemple de M. Berthaud, le héros du *Bœuf clandestin*, prosélyte du régime végétarien, d'une belle pièce de viande rouge, un bon « biftèque saignant » !

---

1. Paul Virilio, *Cybermonde, la politique du pire. De la révolution des transports à la révolution des transmissions, – Conversation avec Philippe Petit*, Textuel, 1996, p. 13.

5. Un monde où l'homme ne rencontrera plus que des produits faits de main d'homme

« Une majorité du budget du sapin de Noël va être allouée à la création d'un *mapping* numérique interactif », se réjouissait d'annoncer Dimitri Boutleux, l'adjoint chargé de la création et des expressions culturelles à Bordeaux. Un *mapping* interactif ? Qu'est-ce à dire ? Une « mise en lumière » baptisée *Chuchotis & Brouhaha* projetée sur les façades nord et ouest de la cathédrale Saint-André, reliées l'une à l'autre par une marelle géante. « Ménager la ménagerie » annonçait en mai 2019 l'hebdomadaire *Télérama* à grand renfort de trompettes graphiques, en l'espèce, caractères gras et démesurément agrandis : « Le cirque Roncalli, en Allemagne, révolutionne le genre en étant le premier à utiliser des hologrammes d'animaux sauvages pour ses spectacles. Une prouesse technologique au service de la cause animale : éléphants et girafes ont leur numéro sous le chapiteau, mais les cages, où les conditions de vie sont souvent déplorables, restent vides. » Le phénomène a depuis lors gagné la France. En novembre 2021, l'ancestral cirque Bouglione proclamait sa propre conversion à un « cirque 100 % humain », c'est-à-dire à un cirque sans autres animaux que des animaux virtuels. Les avatars numériques se substituent au réel et l'on est tenu de s'enthousiasmer.

L'écologie consiste ainsi paradoxalement à accroître l'empire de l'artifice au nom de la nature, à « remplacer tout ce qui pousse par tout ce qui se fabrique », ainsi que l'observait, avec son génie de la formule, Régis Debray dans *Le Siècle vert*.

On l'a vu avec la viande, elle est le produit de la collaboration de l'homme et de la bête. Pareillement pour le fromage.

Faustus sorti par la porte par l'inquiétude écologique, est-ce si certain ? Nullement. C'est auréolé de sa contribution au salut de la Planète que le vieil alchimiste poursuit ses expérimentations ; et c'est avec la bénédiction des écologistes qu'il pénètre des domaines dans lesquels il ne s'était encore jamais risqué (PMA, GPA).

6. *Dérèglement esthétique : l'écologiste en maître et possesseur de la nature*

France, ta beauté fout le camp ![1], avertissait-on dans les années 1970. Hier, le saccage de la France se faisait au nom de la modernisation, aujourd'hui c'est au nom de l'écologie. Après les lotissements standardisés, les zones commerciales, les panneaux publicitaires à l'entrée des villes, les ronds-points défigurant notre pays, voici venu le temps des bornes pour les vélos, les scooters et les voitures électriques, le temps des trottinettes jonchant le sol des villes, de la végétalisation anarchique des rues, chacun étant exhorté à jardiner dans l'espace public, et à devenir « acteur » de la lutte contre le réchauffement et du sauvetage de la biodiversité – sauf que le jardinage est un art – et, naturellement, le temps des éoliennes, que je traiterai séparément.

Et c'est ainsi que, à l'abri de la cause du dérèglement climatique, les écologistes travaillent au « dérèglement

1. Titre du livre de Georges Pillement, Éditions Entente, coll. « Les Cahiers de l'écologie », 1976.

esthétique », selon l'expression inspirée d'Alexandre Gady, professeur d'histoire de l'art à la Sorbonne, spécialiste du XVIIe siècle[1]. Le grand paradoxe de notre présent tient à ce que, après les promoteurs qui ont œuvré à la bétonisation de la France, dans les années 1960-1970, ce sont les écologistes qui se comportent en « maîtres et possesseurs de la nature », autrement dit selon le credo de la modernité technicienne hautement compromis dans la dévastation de la Terre et des terres. La France et les villes dont ils sont les maires ne sont aux élus EELV et apparentés que de vastes terrains à « réinventer » dans une indifférence parfaite à leur physionomie propre, historiquement constituée.

Force est en effet de constater que les écologistes travaillent exactement dans le même sens et avec le même esprit que les liquidateurs des années d'après-guerre. À l'époque, la modernisation, la fonctionnalité, l'efficacité, la rentabilité deviennent les maîtres-mots dans l'oubli et le mépris du génie du lieu. « Ce qui me frappe dans le grand basculement des années d'après-guerre, décrit ainsi Julien Gracq en 1978, c'est [...] la rapidité actuelle d'évolution du paysage. Et surtout le fait que les phénomènes économiques, l'habitat, la géographie humaine ne sont plus ancrés aux particularités du sol et au relief comme ils l'étaient il y a cinquante ans. Une libération s'est faite [...] il y a désormais une indépendance des phénomènes humains, économiques par rapport aux

1. « Cultiver des potagers bio au pied des arbres haussmanniens réjouit l'écolo maoïste rhabillé en Greta Thunberg, mais il me semble, oui, que le concept de nature en ville est devenu un facteur de dérèglement esthétique. », *Le Point* du 15 juillet 2021, dossier « Villes et paysages français : l'offensive du laid ».

formes du terrain[1]. » Libération heureuse ou malheureuse, le romancier-géographe ne tranche pas ici, mais enfin, pour celui qui déplorait le « côté fleur coupée » des héros du roman psychologique à la française, on devine que cette « libération » n'est guère heureuse. Un mot traduit et résume la grande rupture qui s'est introduite alors dans l'art d'aménager la France : la perte du sens de la convenance. Le mot n'apparaît pas chez Gracq, mais c'est bien cela qu'il évoque ici, le souci de l'harmonie, de l'articulation s'est alors perdu. Paul Valéry, Marc Fumaroli, chacun relève ce trait proprement français : Convenance ? « Un des mots les plus profonds de la langue française », écrit Fumaroli : « Le principe qu'il véhicule était très familier à l'ancienne France, explique l'auteur de *L'État culturel* [...] Proche de celui d'harmonie, de consonance [...], accordé à la maxime delphique "rien de trop", il relève de l'esprit de finesse. »

Or, c'est de « ce temps soucieux de convenance, donc de bonheur » « où la moindre maison de village est à sa place et dans son ordre » que nous sortons résolument dans les années 1960-1970. Ce sont ces règles de l'art de l'aménagement d'un lieu, d'une ville qui furent alors violées et qui continuent de l'être aujourd'hui, et avec quelle brutalité, et plus insidieusement, car drapées dans les habits de la vertu écologique.

Là encore, les écologistes n'inversent pas un processus qui s'est révélé destructeur, ils le parachèvent ; ils ne restaurent pas ces nobles dispositions qui sont nos plus beaux alliés contre toute forme de dégradation et de destruction, ils les couronnent. La chose

---

1. Julien Gracq, *Entretiens*, José Corti, 2002, p. 22.

est criante à Paris. Et, naturellement, dans le cas des éoliennes.

7. Les éoliennes, les feux roulants de l'idéologie

> « On veut tout faire fonctionner. Le mot "fonctionnel" a fait plus de mal qu'Attila ; c'est vraiment après son passage que l'herbe ne repousse plus. »
>
> Jean Giono

« Avant, le vent, c'était juste du vent. D'ici à 2030, EDF va encore doubler sa capacité de production d'énergies renouvelables. » Pouvait-on rêver plus bel aveu ! Enfin, confessait le producteur et fournisseur d'électricité, grâce à la transition énergétique, le vent *servira*-t-il à quelque chose ! Enfin, pourra-t-il justifier de son existence ! Enfin, ce fripon qui ne servait à rien sinon à retrousser les robes des femmes, pourra rendre raison de son être ! Après le Rhin, « fournisseur de pression hydraulique », voici le vent, « fournisseur d'électricité ». À la faveur de cette campagne publicitaire, l'éolien jetait le masque. L'écologie ou la continuation de l'esprit de la modernité, de cet esprit qui a présidé à l'épuisement des ressources, ce que, autrement dit, Heidegger appelle l'arraisonnement.

Que le vent ne soit pas que du vent, que, depuis l'Antiquité, il ait nourri et habité l'imaginaire des hommes, qu'il y ait mille et une façons de le percevoir, de le ressentir, la littérature et la peinture sont là pour nous l'enseigner. Mais c'était assurément un vent qui, économiquement, demeurait sans valeur. Ironie de l'histoire, au moment même où cette opération de promotion se diffusait dans la presse, paraissait la formidable enquête d'Alain Corbin, *La Rafale et le Zéphyr. Histoire des manières d'éprouver et de rêver le vent*. Le vent crie, rugit, hurle, décrit l'historien. Parfois il semble gémir, se plaindre comme une âme en peine, condamnée à une damnation éternelle. Il assaille, brutalise, fouette, renverse, déracine. D'où l'identification avec la colère. Il emporte, transporte, disperse. Il attise le feu. Mais il est des vents qui soupirent, qui caressent et, par là, semblent le double de l'amant. Et, d'ailleurs, le vent ne se dit pas au singulier, il se décline au pluriel : à Éole, le maître des vents, s'ajoutent Zéphyr, annonciateur du printemps, auquel Botticelli a donné son visage éternel ; Borée, le souffle froid de l'hiver ; Notos, vent de l'été et Euros associé aux tempêtes de l'automne. « Chacun ayant ses formes de violence, ses qualités sonores, tactiles », résume Corbin. Mais foin de ce vent compagnon de nos vies, foin des mille et un visages qu'il peut revêtir, le vent est donc sommé de devenir fournisseur d'électricité. « Il est important d'avoir des sources d'énergie décarbonée variées », c'est à l'abri de ce dogme que partout s'élèvent ces redoutables mâts.

Quiconque traverse la France en est le témoin : partout se dressent ces gigantesques pylônes, vrombissants, clignotants nuit et jour. Les rivages des océans, les plaines céréalières, les collines provençales, aucun arpent de terre, ni de mer n'est à l'abri. « Bientôt, peut-être, dix éoliennes pour un clocher », soupirons-nous avec Monique Sicard[1]. Objets industriels, fabriqués

1. Monique Sicard, « Impressions ferroviaires », dans *Médium*, n° 51 : *À la française*, avril-juin 2017, p. 172-173.

en série, semblables des États-Unis à la Chine, de l'Allemagne à l'Inde, des États-Unis à la France, elles uniformisent un pays distingué entre tous pour la diversité et la variété de ses paysages. Hors d'échelle, incommensurables aux constructions existantes et à la végétation, les éoliennes accaparent la vue. Les promoteurs protestent de leur souci d'« insérer harmonieusement » ces turbines dans le cadre qu'ils ont élu, mais les éoliennes ne s'insèrent pas, ne se fondent pas dans le paysage, elles l'écrasent. Le clocher, le château, le monastère, le moulin à vent « s'associent au paysage », selon le mot de l'architecte Claude Parent. Dans chacun de ces cas, « il existe une connivence entre la nature et le construit », souligne-t-il encore – et nous retrouvons le beau souci de la convenance exposé précédemment. Tout cela est ici brisé. Les éoliennes s'emparent du lieu, elles le subjuguent. Elles nient « la plénitude du vide » en conquérant le ciel, dit encore Claude Parent. Certains tenteront de se faire les avocats de la beauté propre à l'objet et, en effet, sous l'œil d'un Fernand Léger, l'éolienne pourrait révéler quelque beauté plastique, mais les éoliennes ne vont jamais seules – elles se conjuguent toujours au pluriel.

Quant à l'éolien en mer, l'éolien offshore, il est redoutable par sa verticalité, contrariant une horizontalité qui n'a cessé d'éperonner l'imaginaire des hommes. C'est par son « déroulement infini » que rien n'entrave que la mer fascine l'esprit humain, qu'il y contemple le « miroir de [son] âme ». De quelle vie concrète, charnelle, les vers de Baudelaire, mais aussi ceux de Paul Valéry pourront-ils vivre pour celui qui ignorera tout du colloque solitaire avec un océan vierge de toute pollution visuelle, mais aussi sonore :

« La mer, la mer toujours recommencée
Ô récompense après une pensée
Qu'un long regard sur le calme des dieux. »

Tout ici dit l'horizontalité ! Et c'est le génie du poète que de trouver les mots qui font sentir la chose. Mais si la chose est abolie...

Offensé par ces spectacles, vous venez à vous en indigner. *Ipso facto*, vous devenez suspect de complicité avec l'apocalypse : « Ainsi, vous êtes indifférent à la lutte contre le réchauffement climatique ! » vous objecte-t-on. Tout est en effet mis en œuvre pour asseoir, dans l'opinion, l'idée que le salut de la planète passera par l'implantation de ces turbines d'électricité. À commencer par le lexique bucolique les désignant et destiné à occulter la réalité toute industrielle de ces machines. « Polystyrène », « Polyéthylène », le plastique déclinait des noms de berger grec masquant leur caractère « alchimique », ainsi que l'avait observé avec sagacité Roland Barthes dans *Mythologies*. Les éoliennes puisent à la même source, antique, et se réclament du dieu Éole. Et la pastorale de se poursuivre : on parle de *champs* d'éoliennes, de *fermes* d'éoliennes quand il s'agit en réalité d'usines. Sachant avec Albert Camus que c'est à l'ombre des mots nommant mal les choses que le malheur du monde s'accomplit, Alexandre Gady, l'ex-président de la Société pour la protection des paysages et de l'esthétique de la France, ne connaît que des « aérogénérateurs industriels polluants ». Le catéchisme commence tôt. L'enseigne « Nature et Découvertes », goûtée des citadins à l'âme écologiste, commercialise ainsi des kits de construction d'éoliennes rebaptisées « Moulins à vent » et, s'adressant directement à l'enfant, la notice d'accompagnement explique : « Regarde cette éolienne capturer l'énergie du vent et la transformer en lumière. Le kit t'apprendra comment cette technologie vitale d'énergie renouvelable fonctionne. » On aura noté « technologie vitale », vitale pour la Planète, sans quoi elle ne saurait avoir d'avenir. Telle est la leçon que l'enfant se doit de retenir. On mentionnera également les spots publicitaires faisant la promotion de l'éolien mettant en scène de très jeunes enfants, cerfs-volants à la main, courant vers ces turbines gigantesques comme l'innocence vers l'heureux monde de demain – de ce lyrisme, Milan Kundera s'est fait l'extraordinaire interprète dans *Le Livre du rire et de l'oubli*. En juillet 2021, un spot publicitaire tournait en boucle sur les écrans de télévision : *The Climate Pledge*, *Relevons le défi*. Le texte est dit par des adolescents qui défilent à l'écran : « Qu'est-ce que les entreprises peuvent faire pour combattre la crise climatique ? » demande le premier, et les suivants de multiplier les propositions : « Passez à l'éolien ou au solaire, ou les deux » ouvre le bal ; viennent ensuite, entre autres, « Passez à une agriculture plus durable », « Économisez l'eau ». Et de sermonner, non sans impatience, en chœur : « Qu'est-ce que vous attendez pour faire quelque chose ? » « Agissez », et une voix de conclure : « Le changement climatique nous affecte tous. Vous avez l'occasion de faire quelque chose de bien. »

La réalité est beaucoup moins souriante, et n'a rien d'écologique : bétonnage des sols, matériaux de construction des aérogénérateurs essentiellement non recyclables, mortalité des oiseaux qui viennent se fracasser contre les hélices, perturbation des circuits de migration, brouillage des ondes qui désoriente les chauves-souris, ronronnement continu, gabegie financière – les éoliennes ne vivant quasiment que de subventions publiques –, production si intermittente qu'aucun pays ne saurait raisonnablement y gager son indépendance énergétique – les vents ont en effet leurs caprices, et jusqu'à nouvel ordre, les hommes ne sont pas en mesure de leur commander –, durée de vie extrêmement courte, entre quinze et vingt années, et le démantèlement s'avère si onéreux qu'elles restent en place, finissant par constituer d'effroyables cimetières d'éoliennes rouillées.

Un exemple, édifiant : dans le Morbihan, la forêt de Lanouée est vivement convoitée par les promoteurs, un parc de seize éoliennes, hautes de 185 mètres chacune, est censé s'ériger au cœur de ce massif protégé. Des hectares d'arbres ont ainsi été abattus non seulement pour implanter les aérogénérateurs, mais aussi pour les acheminer. Ainsi que le dénonce Julien Lacaze, président de l'association Sites & Monuments : « C'est de la fausse écologie. On fait des saignées dans la forêt, on artificialise la nature et on menace toute la faune pour ces éoliennes. »

Les éoliennes sont polluantes, inutiles, dangereuses. De plus en plus de voix s'élèvent pour le proclamer. Le vent a ses caprices, on l'a dit, l'éolien oblige donc – l'exemple de l'Allemagne est là pour nous instruire – à un « mariage forcé » avec le charbon, selon l'expression de Patrice Cahart, auteur de *La Peste éolienne*.

Les illusions de l'éolien sont largement établies. Et pourtant. Les éoliennes continuent leur course folle : 8 000 aérogénérateurs aujourd'hui, 15 000 d'ici 2028. « D'ici dix ou quinze ans, notre pays aura changé de visage », avertit Alexandre Gady. En lisant ces mots, résonne le triste constat que faisait Hannah Arendt en 1964 : « Savoir quel est le visage du monde n'importe plus à qui que ce soit. » Sauf que si, le visage du monde, de leur monde importe aux populations, la protestation est massive, mais les pouvoirs publics n'en ont cure.

Comment expliquer cette obstination ? Par-delà les enjeux économiques faramineux – les maires le reconnaissent volontiers : l'éolien est une manne pour leur ville – et le poids redoutable des lobbys, il est un autre point qui me semble déterminant dans l'obstination des pouvoirs publics. Les éoliennes ont été élevées au rang de *symbole* de la conversion écologique. Un symbole suprêmement visible et c'est cette visibilité même qui fonde leur prestige auprès des responsables politiques. Cette visibilité qui les condamne aux yeux des riverains et du plus grand nombre devient une vertu : on ne les accusera pas de n'avoir rien fait pour le climat ! Les éoliennes, c'est du symbole sonnant et trébuchant ! Totems et donc tabous.

Cette dimension exclusivement symbolique de l'éolien trouve même désormais, alors qu'il convient de tout faire pour sauver le soldat éolien, ses avocats. Ainsi, afin de pérenniser cette juteuse industrie, un économiste philosophe et un ancien directeur du Medef, tous deux associés de BG Group[1], développent-ils l'argument suivant : peut-être les éoliennes ne peuvent-elles se prévaloir de grandes vertus énergétiques, mais peu importe, elles ont une « efficacité symbolique » : « La visibilité des éoliennes est un gage de responsabilité écologique », leur présence monstrueuse nous est, autrement dit, une

1. BG Group est une entreprise de production et de distribution d'énergie.

perpétuelle piqure de rappel. « Cacher la production d'énergie est un mauvais calcul politique. [...] L'invisibilisation de l'énergie est allée de pair avec sa disponibilité vécue comme totale [...] rendre à l'énergie sa matérialité dans le paysage est un enjeu fondamental de la transition énergétique[1]. » Il fallait oser !

Qu'écologiquement, qu'économiquement l'éolien soit une mascarade, mortifère qui plus est, la démonstration n'est plus à faire. Il est un autre argument, esthétique celui-là, qui devrait prévaloir. Les premiers opposants aux éoliennes l'ont été au nom du paysage, de *leur* paysage et le demeurent. Nul besoin de chiffre, d'arithmétique, de démonstration. Les habitants ouvrent les yeux et voient ce qu'ils voient.

Quand bien même les éoliennes produiraient réellement une électricité de substitution, quand bien même elles ne seraient pas fatales à la faune terrestre et maritime, quand bien même elles seraient fabriquées dans des matériaux entièrement recyclables, notre œil est blessé, notre sensibilité affectée, notre sens du beau offensé. Cela est, cela devrait être une condition suffisante pour se dresser collectivement contre ce nouveau saccage de la France. La raison écologique ne saurait avoir raison de toute autre considération. L'urgence climatique n'autorise pas tout.

En 2007, l'Académie des beaux-arts publiait un livre blanc, *Les Éoliennes*, contenant des contributions tout à fait remarquables, dont celle de l'architecte Claude Parent cité plus haut, au terme duquel un moratoire était demandé. Qu'une telle académie vienne à se prononcer sur une question qui engage le destin des

1. « La visibilité des énergies est un gage de responsabilité écologique », *Le Monde*, 29-30 août 2021.

paysages français n'avait rien d'indifférent : en France, ainsi que l'a montré Françoise Cachin dans une riche contribution aux *Lieux de mémoire*[1], « Le paysage du peintre », l'histoire du paysage, l'histoire de la peinture et l'histoire de la France sont intimement liées. Les peintres ont joué un rôle capital dans la construction de l'identité française, dans la représentation que nous avons de la France comme « paysage légèrement vallonné où serpente une route, un clocher de village dans le fond et un pré derrière un rideau d'arbres à demi tiré ». Ils nous ont appris à voir et à aimer la physionomie de notre pays, son visage charnellement rural. Représentation qu'altèrent et abîment les éoliennes, et en cela leur édification est bien la question de tout un peuple et pas seulement des habitants concernés par ces prises d'assaut estampillées écologiques.

Les chantres des éoliennes ricanent et balayent d'un revers de main le souci du Beau : « Trouver une éolienne, moche ou jolie, c'est une histoire de goût personnel et l'on ne se risquera pas à commenter vos goûts et vos couleurs, persifle l'association Greenpeace hautement intéressée économiquement à leur implantation[2], elles attirent le regard, car il s'agit de constructions récentes, mais bientôt nous ne les verrons plus, ce n'est qu'une question d'habitude... » Ne gémissez point, disent-ils en substance, vous vous habituerez... Autrement dit, le désert croît et il nous appartient de nous adapter aux conditions désertiques.

Tout à fait significativement, dans le combat que mènent vaillamment les riverains contre l'implantation

1. Pierre Nora (dir.), *Les Lieux de mémoire*, Gallimard, t. 1, coll. « Quarto », 1997.

2. Je renvoie sur ce point au livre de Fabien Bouglé, *Éoliennes : la face noire de la transition écologique*, Le Rocher, 2019.

d'éoliennes, les causes victorieuses le sont pour des motifs toujours autres que celui de la beauté, notamment, et c'est heureux toutefois, la prise en considération de la mortalité des oiseaux et des conséquences sur leur migration. Le souci des paysages ne fait retour qu'articulé à des enjeux quantitatifs, à des chiffres, des statistiques : on invoque alors la chute prévisible des prix de l'immobilier et la baisse fatale de la fréquentation touristique. Ainsi, par exemple, seule la menace brandie par l'Unesco de retirer au Mont-Saint-Michel son « classement au patrimoine mondial » a eu raison de l'installation d'éoliennes en ses terres. Jean Giono invitait à user de l'argument économique lorsque le paysage était en jeu : « Parlons d'argent » ; faisons valoir le principe selon lequel la beauté des lieux « attire et retient », puisque c'est alors seulement « qu'on nous écoutera et que nous avons peut-être une chance de sauver ce qui doit être sauvé ». Mais, du temps de l'auteur de *Regain*, on pouvait peut-être préconiser pareil cynisme, aujourd'hui il est à manier *cum grano salis*. Car le tourisme de masse est un fléau, et représente une autre des grandes menaces qui pèsent sur nos paysages. Il est toutefois indéniable que les sites qui ne sont protégés par aucun label (« plus beaux villages de France », « patrimoine mondial de l'humanité » par exemple) sont les plus vulnérables.

Le paysage le plus exposé à la voracité des promoteurs d'éoliennes est celui qui ne fait ni « ronds de bras ni ronds de jambe » selon la belle image de Giono, « celui qui n'est pas lancé comme on lance un parfum ou une marque de whisky », qui n'est « parcouru par aucun circuit [touristique] », bref, le paysage modeste, « fait de mesure et de subtilité », « dans lequel on est heureux parce que la gamme des couleurs est accordée d'une façon tendre et affectueuse, parce que les lignes organisent une architecture harmonieuse qu'il est agréable d'habiter ». C'est cette belle ordonnance que l'implantation des pylônes vient bouleverser. Il conviendrait aussi de se souvenir qu'un paysage, qu'il soit beau ou non, est d'abord caractéristique d'un lieu : « Tout paysage, observe le géographe Jean-Robert Pitte, est extraordinaire, parce qu'unique », raison pour laquelle il est essentiel, insiste-t-il à juste titre, d'« y regarder à deux fois » avant d'entreprendre de le transformer.

L'exemple de la montagne Sainte-Victoire montre combien les promoteurs d'éoliennes, parce qu'ils avancent drapés dans les habits de la noble cause du salut de la Terre, sont plus redoutables encore que les promoteurs immobiliers d'hier et d'aujourd'hui. Vingt-deux mâts de 125 mètres de haut implantés entre le massif de la Sainte-Victoire et les parcs naturels de la Sainte-Baume et du Verdon défigurent un site classé au patrimoine mondial de l'Unesco. « La nuit, ça clignote et ça perturbe mes animaux, et quand c'est le vent d'est, on entend le bruit des pales », témoigne une ancienne bergère aujourd'hui âgée de 70 ans[1]. Il aura ainsi fallu l'avènement et la grande cause du réchauffement climatique pour que les hommes prennent d'assaut un paysage demeuré inviolé par la grâce de Cézanne, comme le rappelait Jacqueline de Romilly dans *Sur les chemins de Sainte-Victoire* :

> « Les peintures de Cézanne ont fait beaucoup pour immortaliser la route [du Tholonet, qui mène vers Sainte-Victoire] : elles l'ont, dans la pratique, sauvée. À cause de Cézanne, la région a été classée, la possibilité de

1. « Vent de fronde contre les éoliennes de la Montagne Sainte-Victoire », *Le Monde*, 20 octobre 2021.

construire sévèrement limitée, le droit d'élargir la route refusé. À chaque alerte menaçant un paysage que tous les grands musées du monde ont appris à connaître, des réactions passionnées se sont manifestées dans la presse de divers pays : par un assez beau paradoxe, ce que Platon eût appelé avec mépris l'imitation (la peinture n'était que la copie du paysage) a finalement préservé au paysage sa durable réalité. »

Plus rien ne retient aujourd'hui le bras du vandalisme ! Maîtres et possesseurs de la nature, les écologistes regardent la France, et chacun des pays du monde, comme de vastes terrains à coloniser. Le 22 octobre 2021, le candidat d'EELV à la présidentielle, Yannick Jadot, choisissait d'inaugurer sa campagne électorale par la visite du « parc éolien » de Saint-Père-en-Retz en Loire-Atlantique, proclamant, juché au sommet d'une éolienne : « Nous sommes là pour dire à quel point nous soutenons l'éolien ».

La querelle de l'éolien n'a rien d'anecdotique. Elle révèle, ou atteste, à quel point l'objet de l'écologie n'est en aucune façon le « salut de la Terre », mais la liquidation du monde d'hier. Elle confirme le poids de l'idéologie : la logique de l'Idée triomphe de toutes les données rigoureusement établies. Le bénéfice de l'éolien est une pure chimère ? Peu importe. « Je l'ai mis au point de tout voir sans rien croire », disait Tartuffe. Tel est l'effet le plus assuré de l'idéologie. La bataille de l'éolien montre enfin à quel point nous refusons de rendre aux peuples leur souveraineté, aux hommes leur âme – car le besoin de beauté et celui de familiarité avec un lieu sont des besoins essentiels de l'âme humaine –, à la nature et aux éléments, leur être et leur présence. Autant de dispositions qui sont, cependant, de précieuses ressources pour la Terre et sa préservation. À quoi bon sauver la Planète si c'est pour vivre dans un monde désespérément et toujours plus enlaidi ? Souvenons-nous des mots de Giono : « La beauté est la charpente de son âme. Sans elle, demain, [l'homme] se suicidera dans les palais de sa vie automatique. » Et les éoliennes étendent le domaine de la vie automatique.

8. L'eau sucrée de l'écologie : sorcellerie, religiosité, spiritualité, mystique de l'arbre

L'individu contemporain, délié de toute histoire, exalté dans ses droits, n'a rien de plus pressé, semble-t-il, que de se fondre, à ses heures perdues, dans le grand tout du cosmos. Des stages de « sylvothérapie », autrement dit de thérapie par les arbres, importée du Japon et prescrivant « bains d'arbres », « câlins d'arbres » et « goûter d'écorces » afin de « reprendre contact avec son moi profond », sont partout proposés. Exercices à pratiquer seul ou sous la conduite de dits thérapeutes dispensant l'art de se ressourcer au contact du chêne ou du tilleul, du saule pleureur, du bouleau de l'olivier – chaque arbre ayant naturellement sa vertu propre : s'approcher lentement de l'arbre, les bras écartés, paumes en avant, et ressentir le « champ énergétique du végétal. » Et, phénomène éclatant depuis 2018, la promotion de la figure de la sorcière, icône du féminisme et singulièrement de l'écoféminisme. Sur les réseaux sociaux, des communautés se forment autour de cette créature du diable, tout à la fois victime par excellence et rebelle obstinée. Dans un mélange de puérilité, de ressentiment et d'acrimonie, les adeptes de ce néopaganisme jettent des sorts contre Donald Trump et autres personnalités tenues pour maléfiques ou, au contraire, en soutien aux séditieux du mouvement Black Lives Matter. L'irrationnel a trouvé sa représentation politique en la personne de la militante EELV, Sandrine Rousseau : « Le monde crève de trop de rationalité, de décisions prises par des ingénieurs, je préfère des femmes qui jettent des sorts plutôt que des hommes qui construisent des EPR. »

Nous baignons dans un mélange d'indignations vertueuses et de niaiserie sentimentale. De moraline et de religiosité. Que le ministère de la Culture vienne à annoncer l'abattage – comme il ne faut plus dire, selon l'Office national de la forêt, qui préconise « récolte » afin de ne pas offenser des âmes sensibles – de deux mille chênes pour la reconstruction de la charpente de Notre-Dame de Paris, et les « éveillés » de l'écologie de crier à l'écocide. Une indignation qui n'avait pas même pour elle de pouvoir se dire dans la langue, belle et saisissante, de Ronsard :

> Écoute, bûcheron, arrête un peu le bras,
> Ce ne sont pas des bois que tu jettes à bas,
> Ne vois-tu pas le sang, lequel dégoûte à force,
> Des nymphes qui vivaient dessous la dure écorce ?
> Sacrilège meurtrier, si on pend un voleur,
> Pour piller un butin de bien peu de valeur,
> Combien de feux, de fers, de morts et de détresses
> Mérites-tu, méchant, pour tuer nos déesses ?

On en viendrait à proclamer, avec Baudelaire, notre « haine du végétal ». Et pour les mêmes raisons que le poète. Par aversion pour le sentimentalisme et le kitsch que l'auteur des *Fleurs du mal* voyait prospérer au XIXe siècle. L'expression apparaît dans les *Petits poèmes en prose*. Dans « Anywhere out of the Word », Baudelaire prête aux habitants de Lisbonne cette exécration

– « cette ville est au bord de l'eau ; on dit que le peuple y a une telle haine du végétal qu'il arrache tous les arbres. Voilà un paysage selon ton goût [le poète s'adresse à son âme] ». Mais elle trouve sa première et forte expression dans la réponse que le poète adresse en 1853 ou 1854 à l'homme de lettres Fernand Desnoyers, le sollicitant pour une contribution à un volume d'hommage au guide attitré des promeneurs de la forêt de Fontainebleau, Claude-François Denecourt :

> « Mon cher Desnoyers, écrit Baudelaire, vous me demandez des vers pour votre petit volume, des vers sur la Nature, n'est-ce pas ? Sur les bois, les grands chênes, la verdure, les insectes – le soleil, sans doute ? Mais vous savez bien que je suis incapable de m'attendrir sur les végétaux et que mon âme est rebelle à cette singulière religion nouvelle, qui aura toujours, ce me semble, pour tout être spirituel, je ne sais quoi de *shocking* ».

« Singulière religion nouvelle »... Cette lettre doit être mise en regard avec un texte contemporain que Baudelaire consacre à « L'École païenne » :

> « Il s'est passé dans l'année qui vient de s'écouler un fait considérable, relate le poète. Je ne dis pas le plus important, mais il est l'un des plus importants, ou plutôt l'un des plus symptomatiques. Dans un banquet commémoratif de la révolution de février, un toast a été porté au dieu Pan, oui, au dieu Pan par un de ces jeunes gens qu'on peut qualifier d'instruits et d'intelligents. »

Et le poète de s'affliger de voir son siècle s'enivrer d'un paganisme sucré, rageusement tourné contre le christianisme. Ce tableau nous tend un miroir sinistrement ressemblant. Les choses sont allées s'accélérant ces toutes dernières années. « Jamais la Terre n'a été dans un état aussi intéressant, mais l'inquiétude que suscite ce fait n'entraîne pas un regain de la croyance aux correspondances qui lieraient toutes choses sous le ciel dans une ténébreuse et profonde unité, non plus qu'un retour à l'animisme primitif : on n'a pas vu, contre la pollution des rivières et des fleuves, se former des ligues de protection des nymphes, et les dryades ne sont pas invoquées par les défenseurs de la forêt amazonienne », pouvait encore écrire en 2005 Jaime Semprun dans *Défense et illustration de la novlangue française*. Quelque dix années plus tard, déjà l'atmosphère s'était enténébrée – réenchantée diront les acteurs de ce mouvement. En 2016, Jean-Pierre Le Goff consacrait un chapitre de *Malaise dans la démocratie* aux « nouvelles formes de religiosité diffuse », et, parmi celles-ci, le sociologue analysait le « retour à la terre et au sacré », « la nouvelle spiritualité écologique et son prophète », à l'époque Nicolas Hulot, qui, en dépit de ses protestations, exaltait l'idée de la nature comme un tout dans lequel l'individu devait se perdre. Cette idée de l'homme comme vivant parmi les vivants est au cœur de l'écologie contemporaine.

Le salut de la Terre serait subordonné à la sacralisation de la nature et du vivant, à une « connexion spirituelle avec les rythmes naturels et à la célébration des équinoxes, des solstices, etc. », explique la philosophe et activiste elle-même Jeanne Burgart Goutal, auteur de *Être écoféministe. Théories et pratiques*. L'écoféminisme entend de surcroît hâter l'avènement d'une société écologique, c'est-à-dire d'une société « prenant acte de ce que tout est un et de ce que tout est lié », renouant ainsi avec une « approche holistique » en rupture avec cette formidable conquête de l'Occident que fut l'approche individualiste. Il s'agirait de « retrouver le lien au cosmos, à la terre mère » par des « spiritualités de la terre » ainsi que par la pratique du « yoga et autres techniques de réintégration du corps dans le cosmos », décrit encore Jeanne Burgart Goutal, elle-même partie en Inde « pour réinitialiser son cerveau ».

Il revient à Tocqueville de jeter les lumières les plus vives sur ce phénomène. Le penseur de la *Démocratie en Amérique* comprend qu'il ne s'agit pas là d'un simple « accident » mais d'une inclination qui tient à « une cause » infiniment plus « durable » : l'avènement de l'homme démocratique. Le culte de la nature est parfaitement accordé à cette figure nouvelle d'humanité qui répugne aux séparations, aux distinctions, aux hiérarchies et qui a le goût des idées simples et générales. « L'idée de l'unité l'obsède, écrit Tocqueville, il la cherche de tous côtés, et, quand il croit l'avoir trouvée, il s'étend volontiers dans son sein et s'y repose. » Si le christianisme, comme l'art pour Hegel, est chose du passé, c'est qu'il est une théologie de la séparation, de la séparation du Créateur et de Sa Création. « Cette première division le gène encore, observe Tocqueville, et il cherche volontiers à grandir et simplifier sa pensée en renfermant Dieu et l'univers dans un seul tout. » À la thèse de Tocqueville, Chantal Delsol donne une profonde postérité dans *La Fin de la chrétienté*. Pour peindre le monde dans lequel nous sommes venus à vivre, et qui s'autorise volontiers du salut de la Terre, la philosophe parle d'une « inversion ontologique » : nous quittons une ontologie de la séparation pour renouer avec l'ontologie des religions primitives, une ontologie de l'Un. Les « sophistications » du christianisme – la transcendance du Créateur par rapport à sa Création, la Révélation, pour ne rien dire du dogme trinitaire – le rendent éminemment fragile au regard des dispositions de l'homme contemporain. C'est dans la nature, dans la fusion avec la nature, qu'il trouve à combler son besoin de religion.

Chantal Delsol se refuse à interpréter cette sacralisation de la nature, ce retour à une religion primaire, qui « surgit toute seule, prolifère sans engrais », en termes de régression. « Provincialisme de la pensée », reproche Chantal Delsol aux catholiques inquiets, que de « se croire le seul vecteur de civilisation » et de morale. À l'effondrement du christianisme ne succède pas fatalement « la tempête » et « le néant », observe la philosophie. Assurément, et il est de grandes civilisations hors du christianisme. Toutefois, on ne niera pas que la religiosité contemporaine est un produit frelaté, pauvre en monde, pauvre en significations, y compris par rapport aux sagesses stoïcienne, orientale auxquelles elles empruntent. Du sacré ressurgit peut-être mais c'est un sacré de pacotille, où prévaut le culte du moi. Ces nouvelles spiritualités sont d'abord des techniques de « développement personnel ».

Redoutable défaite de l'Occident, en outre. De cette civilisation qui, à l'affairement de la vie, à la prose du quotidien, n'opposait pas les cultes orgiaques, les cérémonies de possession divine, le chamanisme et autres pratiques extatiques, mais l'art de s'étonner, d'interroger, de quêter le vrai, le bien le beau, ainsi que l'avait si lumineusement établi le philosophe Jan Patočka[1]. Irréductible à la raison mathématique de la modernité, la raison telle qu'illustrée par la Grèce antique, était pour nous une passion. Défaite de l'Occident et

1. Jan Patočka, *Essais hérétiques. Sur la philosophie de l'histoire*, Verdier, 1999 ; point lumineusement explicité par Alexandra Laignel-Lavastine dans *Esprits d'Europe. Autour de Czesław Miłosz, Jan Patočka, István Bibó*, Calmann-Lévy, 2005.

singulièrement de la France, dont même le catholicisme ne tourna jamais à l'extase mystique des Espagnols par exemple. Nous n'aimons plus la raison, cette raison dont Voltaire avait fait une fête, la passion de chercher, d'enquêter, de comprendre. Nous ne sommes pas condamnés à l'alternative de la pensée magique et de la raison calculante. Ce qu'il nous faut retrouver, c'est une véritable présence au monde, laquelle passe par l'éducation des sens assurément, mais des sens qui ne sont pas séparés de la raison. L'homme est créature incarnée, œil et esprit : et l'un n'est rien sans l'autre. « Notre corps est une telle merveille que l'âme, quoique *chose divine*, ne se sépare qu'avec les plus grandes peines de ce corps qu'elle habitait », écrit magnifiquement Paul Valéry inspiré par Léonard de Vinci, dont il lit, dans les *Carnets* : « Et je crois bien, dit Léonard, que ses larmes et sa douleur ne sont pas sans raison. »

Ce dont nous avons impérieusement besoin, ce n'est ni d'une ontologie panthéiste, ni déiste, ni païenne, ni animiste, non plus de ces fariboles new age, mais d'une pensée de l'être qui nous réinscrive dans le monde, capable de densifier notre présence au monde. « Non pas une présence contemplative mais une présence soucieuse, une présence en quête, une présence en chasse, comme on pouvait le dire d'un amateur de coléoptères », ainsi que le propose Michel Onfray dans *Cosmos. Une ontologie matérialiste*.

Si l'heure est au culte de Gaïa et à une anthropologie moniste, c'est donc pour des raisons tristes et peu glorieuses, parce que l'homme a perdu le goût des distinctions, des complications, de la responsabilité aussi qui ne va sans l'affirmation d'un individu au sens noble du terme, d'un sujet qui s'avance, qui s'y risque et entend *répondre de* ses actes : « Un pareil système [le panthéisme], quoiqu'il détruise l'individualité humaine, ou plutôt parce qu'il la détruit, aura des charmes secrets pour les hommes qui vivent dans la démocratie. » Il ne nous faut pas signer la reddition et j'en appellerai avec Tocqueville à la résistance : « Que tous ceux qui restent épris de la véritable grandeur de l'homme » se réunissent et combattent contre le panthéisme.

III. Les écologistes, promoteurs et bâtisseurs d'une France identitaire et diversitaire

Nous sommes dans un entre-deux. Se trouvent en lice deux idées de la France. D'un côté, une France à l'anglo-saxonne, une France des identités et, de l'autre, une France cultivant son exception et s'obstinant dans son indifférence aux différences ; une France consciente de la saveur de cette liberté du pas de côté qu'offre notre pays, liberté du pas de côté et non de l'arrachement, car loisir est laissé à chacun naturellement de cultiver dans la sphère privée ses appartenances particulières – « Ce serait un pauvre cœur que celui auquel il serait interdit de renfermer plus d'une tendresse », disait Marc Bloch, et la France n'a jamais exigé pareil sacrifice, pareil sacrilège même. Jeu, écart permettant de prendre part à cette belle et grande réalité qu'est l'histoire de la France, irréductible à la somme de ses parties.

Les écologistes sont comme des poissons dans l'eau, dans un monde régi et réglé par les identités. Et ils entendent bien tous nous y plonger, nous y noyer – car cela revient, pour la France, à se perdre. Sur ce point, dans son programme de candidat aux élections municipales de 2020, Grégory Doucet se montra des plus explicites : au chapitre « Lyon émancipatrice », le futur élu s'engageait à œuvrer à « la valorisation des cultures non dominantes [l'écologiste se reconnaît à ce qu'il est rompu à la langue des indigénistes] et de la mémoire et de la culture des migrations ». Notons que, en dépit de ses coups d'éclat réclamant des écologistes des professions de foi universaliste, Anne Hidalgo est tout aussi acclimatée à cet univers de pensée, distribuant à chaque communauté – les femmes, les lesbiennes, les gays – des noms de rues et d'établissements publics.

*1. Les écologistes, le grand récit intersectionnel et l'*international woke

> On s'aperçoit à quel point le monde se trouve simplifié dès lors qu'on le considère comme digne de destruction.
>
> Walter Benjamin

« Pas de justice climatique sans justice de genre ! » proclamait-on au cours des « marches pour le climat », en 2018 ; en novembre 2019, le secrétaire national d'EELV, alors porte-parole du mouvement, Julien Bayou, Sandra Régol et la sénatrice EELV, Esther Benbassa participaient « au nom du Parti » à la « marche contre l'islamophobie » organisée par le Comité contre l'islamophobie en France (collectif dissous en 2020). Quant au programme des Journées d'été d'EELV 2021, les propositions de rééducation des esprits foisonnent : « atelier ludique créatif » pour

« apprendre à parler épicène et lutter contre la domination patriarcale par le langage » ; un autre pour « déconstruire la colonisation patriarcale des imaginaires », ou encore un « *Boot Camp*[1] écoféministe » « en non-mixité » consacré à l'« Empouvoirement, les femmes aux responsabilités ». La liste est loin d'être exhaustive.

La perplexité nous gagne : quel lien peut-on bien établir entre la crise écologique et la société patriarcale ? Entre le réchauffement climatique et le colonialisme ? Entre la disparition de certaines espèces vivantes et l'esclavagisme ou le racisme ? Il est cependant inextricable dans l'esprit des écologistes.

La nature, les bêtes, les femmes, les minorités, sont toutes et chacune victimes de l'homme occidental. Féministes, indigénistes, décoloniaux, associations LGBT et écologistes communient dans le Grand récit de l'intersectionnalité ; celui d'un Occident regardé et présenté comme une vaste fabrique de victimes. Un Occident dont toute l'histoire, ou à peu près, fut écrite, et continue de l'être, par l'homme blanc hétérosexuel chrétien ou juif, lequel n'aurait d'autre passion que la domination, d'autre ressort d'action que la prédation et l'asservissement de tout ce qui n'est pas lui – la nature donc, les animaux et les végétaux, mais les femmes, mais les minorités sexuelles, mais les Noirs, mais les musulmans. En 2019, la jeune égérie suédoise du combat contre le dérèglement climatique, Greta Thunberg, publiait ainsi une tribune « *Why we strike again* » – « Pourquoi nous sommes de nouveau en grève ». Une phrase fit mouche : « La crise climatique

1. On rappellera que « *Boot Camp* » fait référence aux séances d'entraînement extrême des forces armées américaines.

ne concerne pas seulement l'environnement. C'est une crise des droits humains, de la justice et de la volonté politique. Les systèmes d'oppression coloniaux, racistes et patriarcaux l'ont créée et alimentée. Nous devons les démanteler. »

Et, de la même façon que le patriarcat, l'esclavagisme ou le colonialisme ne seraient pas des chapitres de l'histoire occidentale, circonscrits dans le temps, avec un commencement et une fin, mais l'authentique visage de l'Occident, sa vérité profonde et ultime ; l'épuisement des ressources naturelles et la destruction du monde vivant traduiraient et trahiraient l'esprit de l'Occident, son essence. D'où l'émergence du qualificatif « systémique » afin d'incriminer les fondements mêmes de la civilisation occidentale, sa structure, ses institutions et, partant, de n'envisager d'autre issue que celle d'abattre le vieux monde, de le « réinventer » de fond en comble.

La rhétorique victimaire, et plus encore la surenchère victimaire, présente en outre une formidable vertu : elle autorise les demandes les plus exorbitantes. Le discours victimaire broché sur l'esprit de repentance qui nous tyrannise depuis les années 1980, produit tous ses effets : nos élites, politiques, culturelles, économiques sont pleinement acquises à l'idée que l'Occident, et singulièrement la France, auraient commis de telles fautes et de telles erreurs que les « victimes » seraient comme autorisées à tirer des traites sans fin sur le capital occidental et en l'occurrence français. Sans oublier qu'il est doux de se croire victime quand on n'est que vide et ennuyé, pour paraphraser Musset.

Vous pensiez qu'être écologiste, c'est avoir le souci de *conserver*, de *préserver* ce qui nous a été confié et dont la vie sur Terre dépend. Détrompez-vous : être écologiste, militant ou politique à la manière d'EELV et de ses satellites socialistes, c'est d'abord être en guerre, et en guerre contre la domination, toutes les formes de domination. C'est ainsi que, de fil en aiguille, par la grâce de cette clef qui ouvre toutes les portes, ce talisman aux accents foucaldiens de « domination », être écologiste, c'est prendre fait et cause pour les femmes, les minorités, la diversité – leur histoire étant donc écrite avec la même encre noire de la domination par l'homme blanc hétérosexuel.

On observera dans les discours que la notion de « prédation » tend à détrôner celle de « domination ». Cela n'a rien de fortuit. #MeToo est assurément passé par là. Le mot tonne. Dans l'imaginaire, le prédateur revêt d'emblée les traits d'un homme. Et celui-ci est prédateur des bêtes, de la nature, comme il l'est des femmes, des minorités, etc. La vie s'est simplifiée : toutes les relations sont reconduites à des relations de domination, d'exploitation, de prédation.

Le monde dans lequel vivent les écologistes, et dans lequel ils entendent nous faire vivre, est un monde entièrement fictif, rebâti par la langue. *Ne varietur* : la même intrigue, la prédation, la destruction, et les mêmes protagonistes, le capitalisme, le libéralisme, l'Occident. On s'ennuie vite dans la compagnie des idéologues. « L'idéologie ne s'intéresse pas au miracle de l'être », disait Arendt ; l'écologie militante ne fait pas exception. Un comble pour des écologistes ! « Un monde dans lequel il reste encore beaucoup à découvrir est infiniment préférable à un univers dont tout a été dit. » C'était sur ces mots que se refermait le livre de Françoise Thom, *La Langue de bois*. Le sens, le goût du caractère inépuisable, incommensurable du réel est notre plus vigoureuse arme contre les idéologies.

L'homme blanc occidental, hétérosexuel, chrétien et juif, ai-je écrit, en effet car d'un Occident qui s'étend jusqu'en Israël : et là encore, quand d'Israël on ne sait rien, on ne sait qu'une chose, que le Juif se fait colon. Et ainsi, être écologiste, c'est aussi être antisioniste, « défendre la cause du peuple palestinien ». Tentez d'acheter un avocat dans le réseau de magasins de produits biologiques et locaux Biocoop en une période de l'année où ce fruit est essentiellement importé d'Israël, vous vous entendrez répondre qu'on ne se rend pas complice d'un peuple qui se fait oppresseur et a du sang sur les mains.

C'est sans doute dans l'alliance récemment scellée en France entre les féministes et les militants écologistes que la connivence idéologique autour de cette intrigue simplissime se trouve non seulement assumée, mais théorisée. Pour l'écoféminisme, décrit Jeanne Burgart Goutal, déjà citée, la crise écologique « n'est pas un simple accident de parcours dû aux excès d'un système à la dérive, mais le produit inévitable d'un paradigme cohérent, intrinsèquement fondé sur l'inégalité, l'injustice et la prédation ». Écoféminisme, le mot et la chose furent forgés par Françoise d'Eaubonne, en 1974, dans *Le Féminisme ou la Mort.* Le patriarcat exploiterait le corps des femmes comme il exploiterait la nature. Une « même matrice idéologique », expliquent les spécialistes de la question, aurait conduit à la domination des hommes sur les femmes et au saccage de la nature. Mais, à l'époque, la thèse ne prend pas. Il ne s'agit nullement d'un énième effet de la domination masculine, comme voudrait le croire Sandrine Rousseau ; ce n'est pas la candidature de René Dumont, la même année, qui occulta le travail de la philosophe française, mais la résistance des féministes elles-mêmes. Les militantes des années 1970 se méfient. Elles subodorent un piège : elles qui travaillent à émanciper les femmes de la nature redoutent de s'y trouver rapatriées. Françoise d'Eaubonne rencontre alors ses adeptes parmi les essaims du militantisme féministe américain. L'effondrement du féminisme à la française, mais aussi et d'abord de l'autorité de notre modèle de civilisation, a ouvert grand les portes à ce féminisme intersectionnel anglo-saxon.

De cette rhétorique des « dominations croisées » (Catherine Larrère), Sandrine Rousseau offre la meilleure synthèse expliquant comment elle avait eu la révélation de cette convergence des luttes : « Longtemps, j'ai été féministe et écologiste, mais je menais ces deux combats de manière séparée, sans faire la jonction. Or ce qui les réunit est pourtant fondamental : c'est le refus de la prédation. La prédation dans notre rapport à l'autre en tant qu'humain, et tout particulièrement aux femmes et aux personnes racisées [...], mais aussi la prédation à l'égard de la terre, de la nature, des ressources. » Et Rousseau, experte en sorcellerie, de psalmodier un triptyque propre à envoûter les esprits : « Nous prenons, nous utilisons et nous jetons les corps des femmes. Nous prenons, nous utilisons et nous jetons les corps des plus précaires dans la société. Nous prenons, nous utilisons et nous jetons les corps des racisés. Nous ne voulons plus de ce système-là. » Prendre, utiliser, jeter : formule magique que la postulante à la présidence de la République assaisonne à toutes les sauces.

On doit au moins reconnaître à Sandrine Rousseau ce mérite, qu'elle dit tout haut ce que les écologistes politiques pensent tout bas. Et lorsqu'elle se flatte de donner corps et voix à la tonalité dominante chez les Verts, elle est dans le vrai. Tous ne revendiquent peut-être pas l'estampille « écoféministe », à la différence de Sandrine Rousseau ou de Delphine Batho, mais, tous, Don Quichotte sans Cervantès, comme dirait Alain Finkielkraut, sont engagés, et avec quelle fièvre, dans le grand combat contre le patriarcat et le racisme systémiques de nos sociétés. Ainsi du candidat à l'élection présidentielle, Yannick Jadot, promettant de « bâtir une société féministe » afin de « déconstruire l'imaginaire patriarcal sur lequel reposent les dominations[1] ».

2. *Langue inclusive, novlangue, arsenic et grosses dentelles*

Une nouvelle langue pour un monde nouveau. La conquête des esprits passe par la langue. Les écologistes le savent. Et, dans leur entreprise de refonte du monde d'hier, le remodelage linguistique est un de leur premier chantier. De la fièvre démiurgique qui agite les écologistes, de leur exil loin du monde concret, la langue telle qu'ils la parlent et telle qu'ils l'écrivent, telle qu'ils la triturent et la dégradent est un indice puissant. Ils savent que celui qui est maître de la langue est maître du monde. La réalité des êtres et des choses est fragile, la langue est autant un instrument de révélation que d'occultation. Leur langue est saturée d'idéologie et vecteur d'idéologie. Leur langue est une langue morte, sans couleurs, sans saveurs, sans

1. Tribune signée de la sénatrice EELV, Mélanie Vogel et de l'eurodéputé et candidat à l'élection présidentielle, Yannick Jadot, datée du 1er octobre 2021, accessible sur le site du FigaroVox.

parfums. Une langue doublement déracinée, sans terreau ni passé, mais travaillant de surcroît à extirper le peu de racines qui la rattachent encore au réel et à l'expérience.

« Les mots ont une âme. La plupart des lecteurs ne leur demandent qu'un sens », écrivait magnifiquement Maupassant. La langue n'est pas qu'instrumentale, elle n'est pas que moyen en vue de nos fins. Sédimentée par les siècles, elle nous oblige, nous, hommes du présent. La langue n'est pas la propriété des vivants, ils en sont les dépositaires. Cette représentation des choses est, paradoxalement, lettre morte pour des écologistes. Pour eux, le présent est fondateur et la langue est à la disposition des vivants, comme le reste de l'héritage des siècles.

Les intitulés des postes créés par les nouveaux maires EELV, chefs-d'œuvre de verbiage novlangue, méritent à cet égard un détour. Nous avons vu fleurir, dès leur prise de fonction en juin 2020, des adjoints « à la transparence », « à la tranquillité publique et au temps de la ville » – en lieu et place de la sécurité, trouvaille d'Éric Piolle ; sécurité laissant entendre que l'insécurité existe, que certains la subissent, en meurent même, quand elle n'est, ainsi que chacun sait, qu'un sentiment. À Poitiers, a été nommé un adjoint à « l'innovation démocratique » ; à Grenoble, une adjointe « à la démocratie ouverte » et, à Strasbourg, « à la ville inclusive ». Anne Hidalgo, de son côté, innova pour son second mandat en concevant une adjointe « à la culture et à la ville du Quart d'heure » – c'est-à-dire chargée de garantir « aux Parisiennes et Parisiens », l'accès à « tout ce qui est essentiel à une vie » à quinze minutes de chez soi à pied, à cinq minutes à vélo. Confinement quand tu nous tiens ! Ville du Quart d'heure dont « la capitale » est l'école du quartier, ouverte aux « habitantes et habitants » le samedi de 10 à 17 heures ; invitation à « la balade et à un moment de calme » ! L'expérimentation est en cours dans quelques arrondissements parisiens.

Un mot toutefois enlève tous les suffrages, vainqueur inégalé de la saison 2020 : résilience. À Lyon, est nommé un « adjoint à la politique de résilience » ; à Strasbourg, la deuxième adjointe « sera en charge de la ville résiliente » ; Bordeaux se dote d'un adjoint « en charge de l'urbanisme résilient » et d'une conseillère municipale « en charge de la résilience alimentaire » ; et Paris, d'une adjointe « en charge de la Seine, de la Prospective Paris 2030 et de la Résilience ». Mot fétiche d'Anne Hidalgo et de la mairie de Paris qui plaçaient la cérémonie de la Libération de la capitale, le 25 août 2020, sous le signe du triptyque « Résistance-Renaissance-Résilience ». Quant à notre arsenal juridique, il renferme depuis juillet 2021, une « loi Climat et résilience ».

Qu'on me permette une incise sur l'usage de ce mot de résilience, dont les écologistes n'ont pas, hélas, l'exclusivité. La fortune et le prestige de cette notion sont un signe des temps et un très mauvais signe. La vie morale est devenue affaire de technique et de psychiatres. Initialement, le mot de résilience appartenait au champ lexical de la mécanique et désignait « la résistance d'un matériau à absorber une énergie ou un choc sans se déformer ». Les sciences de l'écologie se l'approprient dans les années 1970 pour décrire la capacité des vivants, animaux ou végétaux, à renaître après avoir quasiment disparu dès lors que les conditions leur redeviennent propices. Son extension à l'homme et aux sociétés humaines se serait opérée en 1942, dans le contexte de la guerre, pour nommer la faculté de triompher des épreuves, mais ce n'est que ces toutes dernières années que, popularisé par le neuropsychiatre Boris Cyrulnik, le mot est venu chasser maintes ressources proprement humaines. N'avions-nous pas des mots, et des mots eux-mêmes vaillants, énergiques, fougueux, pour louer la capacité de vaincre l'adversité, de ne pas se laisser abattre, de ne pas se décourager ? Qu'est-ce que la force d'âme, le panache sinon la capacité d'affronter des forces contraires et de se relever ? « Force d'âme », « panache », ces mots sont demeurés vivaces aussi longtemps que nous avons parlé la langue, désuète peut-être, de la liberté, de l'homme comme créature douée d'une âme, irréductible, en tout cas, à une machine. Leur abandon au profit de la notion de résilience est l'indice d'une approche toute mécanique de l'être humain et finalement d'une abdication.

À quoi reconnaît-on ensuite un esprit *woke*, c'est-à-dire un esprit éveillé à la domination et à la prédation des femmes et donc une conscience verte ? À sa conversion à la langue et à l'écriture inclusives. Ainsi, l'une des toutes premières décisions prises par Grégory Doucet au lendemain de son élection à la mairie de Lyon, fut-elle l'adoption de la langue inclusive comme langue administrative. Mettant ses pas dans ceux d'Anne Hidalgo, l'élu impose l'usage du point médian pour tous les communiqués destinés à ses « administré.e.s ». Qu'ils le trompettent ou non, il n'est pas de maires écologistes qui ne soient convertis à l'écriture inclusive ; il suffit de consulter le site de chacune des municipalités : aucune ne fait exception. Mentionnons au passage l'enseigne Biocoop, en avance sur ses concurrents Naturalia ou La Vie Claire, fière d'annoncer sa propre conversion à l'écriture au point médian en choisissant un « logo à l'écriture inclusive » pour la promotion de ses « paysan. ne.s » fournisseurs.

L'écologiste ne se contente pas en effet de parler la langue inclusive – c'est-à-dire d'user de la « double flexion », comme disent les linguistes, de pulvériser le masculin générique en féminin *et* masculin, et dans cet ordre – « citoyennes et citoyens » ; « celles et ceux »... – ou de privilégier les termes épicènes –, il l'écrit. Rendant, exemple entre mille, proprement illisible l'ouvrage programmatique d'Éric Piolle, *De l'espoir ! Pour une république écologique*. Mais il est vrai que cela comble le vide du contenu.

Si tous, comme un seul homme, se convertissent à l'inclusion, c'est qu'ils en partagent la prémisse : la langue française serait machiste, sexiste ; elle porterait témoignage d'une société inégalitaire et patriarcale, inamicale aux femmes. Le dossier n'est guère étoffé, une seule pièce à charge, mais celle-ci est suffisante pour qu'ils s'autorisent à démanteler la langue. La reconnaissance d'une valeur générique au masculin aurait entraîné l'« occultation linguistique des femmes » dans les textes, partant dans la société. Aussi, afin de voir les femmes se multiplier, tels des petits pains dans la société, il conviendrait de faire proliférer dans la langue les marques du féminin. L'évangile féministe recèle aussi ses miracles. Autre postulat, condescendant pour les intéressées : les femmes ne se sentiraient concernées que par la présence du féminin ; autrement dit, tel le chien de Pavlov, elle ne réagirait qu'à des signaux sexués. Et pourtant, peut-on, toutes femmes que nous sommes, réellement nous excepter lorsque nous lisons « tous les hommes sont mortels » ? Le générique rappelle ainsi l'universalité de l'humaine condition et la non-assignation à une identité sexuée et sexuelle.

L'adoption de la langue inclusive est inséparable de la conversion de la France à une logique et à une rhétorique identitaires et diversitaires parfaitement étrangères à son histoire et à ses principes. La valeur générique prêtée au masculin nous parle en effet d'un temps où la liberté, le jeu, le pas de côté avaient de grands charmes pour nous. Cette langue et cette écriture incluent peut-être, mais d'une inclusion toute mathématique, froide, glaciale, séparatiste, en somme, qui tient et maintient bien séparés le masculin et le féminin, comme l'huile et l'eau, les pose l'un à côté de l'autre, l'un en face de l'autre ; tels deux chiens de faïence, les enfermant dans une altérité et une étrangeté insurmontables quand le masculin à valeur générique les inscrivait dans une commune humanité.

La langue aurait ainsi travaillé à « invisibiliser » les femmes ; la langue et l'écriture inclusive viendraient leur rendre leur « visibilité ». Cette logique est une aberration. Pour une raison essentielle, martelée en leur temps par Claude Lévi-Strauss et Georges Dumézil : le genre grammatical ne renvoie pas au sexe biologique.

On va répétant que cette écriture ne passe pas l'épreuve de l'oralité, qu'elle est illisible. C'est faux : que fait le lecteur ? Il contourne l'obstacle, ignore les points médians et ne reste plus que le féminin ! Formidable ruse de la raison féministe ! Le vert paradis de la langue pour les écologistes ? Une langue qui ne se parlerait plus qu'au féminin.

Dans leur rapport à la langue, les féministes mêlent en outre acrimonie et puérilité de l'adolescent qui se croit rebelle parce qu'il se soustrait au fond commun de la langue. Ainsi de Jeanne Barseghian, l'édile de

Strasbourg, se flattant de ne pas rendre « hommage » à Gisèle Halimi et à Jacqueline Sauvage, mais un « femmage ». Et c'est aussi à une élue EELV du Conseil de Paris, Joëlle Morel, que l'on doit la requalification des Journées du patrimoine en « Journées du matrimoine ».

Poursuivons notre traversée dans la contrée langagière des écologistes. Ubuesque et savoureuse – moins assurément pour les habitants concernés –, la séance du conseil municipal de la ville de Strasbourg du 21 septembre 2020. À l'ordre du jour, la prolifération des punaises de lit et des rats dans la capitale alsacienne, véritable cauchemar pour les Strasbourgeois. Au terme de cette séance était instituée une « mission d'information et d'évaluation pour la gestion du rat en ville et des animaux liminaires dans l'habitat ». Marie-Françoise Hamard, conseillère municipale déléguée « aux animaux dans la ville », issue du Parti animaliste, pouvait planter le drapeau de la victoire : l'adoption du qualificatif « liminaire » pour désigner les rats et autres animaux qui nuisent à la vie des populaires était son principal objectif. Sa ratification devait entraîner une révolution du regard et du comportement, nous conduire à « faire montre de bienveillance » à l'endroit de ces pauvres bêtes traquées. Au cours de cette séance, l'élue tint à rappeler qu'« aucun animal n'est nuisible par nature », qu'il le devient, et il le devient par la faute de l'homme : « Nous, et nous seuls, sommes responsables de l'envahissement par les rats de certains quartiers strasbourgeois. » Plutôt que de les pourchasser, plutôt que de chercher à les éradiquer, plutôt que de s'engager dans de vastes programmes de dératisation usant de produits toxiques pour l'environnement et cause de souffrance redoutable pour les bêtes, nous devons apprendre à vivre avec elles.

Qualifier les rats ou les punaises de lit de « liminaires » amorcerait ainsi la révolution du regard que l'élue, porte-parole en cela des écologistes radicaux et des antispécistes, appelle de ses vœux. Qu'est-ce qu'un animal liminaire ? Une sorte d'entre-deux, établi au seuil, à la frontière – *limes* en latin – du sauvage et du domestique. Ne vivant pas dans la nature brute, les rats ou les souris ne sont pas des animaux sauvages ; ils ne sont toutefois pas non plus des animaux domestiques puisqu'ils ont l'heur de ne pas vivre « sous le joug des humains », ainsi que nous l'expliquait une tribune parue dans le quotidien *Le Monde*, signée des deux fondateurs antispécistes de l'association Paris Animaux Zoopolis (Paz)[1]. La chose n'est plus à établir : votre chat ou votre chien vit sous votre joug !

Sur le plan sémantique, une première bataille avait déjà été remportée en 2016, avec l'abandon de la notion de « nuisible » dans l'arsenal législatif : la loi sur la biodiversité ne connaissant désormais plus que des « animaux susceptibles d'occasionner des dégâts » – « ce qui laisse à ces animaux le bénéfice du doute », commente Marie-Françoise Hamard avec le plus grand sérieux.

Pour désigner les rats, les souris ou les mulots, tend également à affleurer l'expression de « rongeurs commensaux ». Les rats seraient à regarder comme des compagnons de table. La perplexité vous saisit ? Des compagnons de table en cela qu'ils se nourrissent des reliefs de nos repas. Sauf que, dans le cas de l'hôte partageant notre table, il y a invitation ; dans le second, c'est le rat qui s'invite lui-même ! Eh bien, précisément !

---

1. Philippe Reigné et Amandine Sanvisens, « Protégeons les animaux "liminaires" qui vivent en liberté dans l'espace urbain », *Le Monde*, 7 août 2021.

Nous rétorquent les militants de la cause animale ; regardez-les non plus comme des indésirables, mais comme des invités, des convives ! Il nous faut apprendre à organiser la cohabitation, le vivre-ensemble, bref l'inclusion.

Anecdotique cette séance strasbourgeoise ? Je ne le crois pas, car cet épisode révèle à quel point les écologistes ont bien compris que la conquête de la langue était décisive dans leur volonté d'abolir le vieux monde. Or, cette bataille, ils la mènent et avec ardeur et non sans succès. Il est vrai que les écologistes peuvent compter sur le zèle d'un bon nombre de journalistes, pressés et flattés d'œuvrer à l'avènement de ce nouveau monde. « Liminaires » se rencontrent déjà, timidement encore certes, mais tendons l'oreille... Péguy disait qu'il n'y avait plus de peuple, il n'y avait plus que des bourgeois parce que tout le monde lisait le journal ; on pourrait dire qu'il n'y a plus de peuple, que des militants parce que tout le monde parle la langue *woke* des médias et des réseaux sociaux. Les mots sont des instruments de perception, mais non moins d'occultation : lorsque Doucet biffe l'adjoint à la sécurité et le remplace par un adjoint à la tranquillité, la chose est évidente. Ils jouent donc un rôle majeur dans la « réinvention » du monde programmée par les écologistes. Prélude à l'avènement d'une société nouvelle et propédeutique à l'homme nouveau qu'ils entendent faire advenir.

« Changer les mots » pour « changer notre regard » dans le mépris le plus complet du réel et de l'expérience vécue. Supprimer le mot pour supprimer la chose, la technique est rodée, et rodée par les régimes totalitaires. Sur le mécanisme qui permet à une langue idéologique de s'infiltrer dans les discours, de contaminer la langue ordinaire, Victor Klemperer, dans son analyse de la *LTI, la langue du IIIe Reich*, jette la lumière la plus vive : « Les mots peuvent être comme de minuscules doses d'arsenic : on les avale sans y prendre garde, ils semblent ne faire aucun effet, et voilà qu'après quelque temps l'effet toxique se fait sentir. » C'est très exactement ainsi que nous nous sommes mis à parler la langue du féminisme, de l'indigénisme et de l'écologie militante.

Le feuilleton strasbourgeois révèle également la contamination de l'écologie par les thèses antispécistes. Je l'ai dit en ouverture, les antispécistes regardent avec condescendance les écologistes ; ils savent néanmoins habilement s'en servir. Qualifier le rat ou la souris d'animal liminaire revient à les rapatrier dans la communauté des hommes, et plus fondamentalement à brouiller la frontière qui sépare les espèces et finalement dissoudre l'homme dans le vivant, selon le vœu le moins secret des antispécistes.

Langue idéologique, mais aussi langue désincarnée. Leurs tomates ne poussent peut-être plus hors sol, mais leur langue est coupée de tout sol nourricier. Écoutons Éric Piolle se peignant lui-même lors de son intervention aux Journées d'été d'EELV d'août 2021. « Dans ma tête, je me suis conditionné, depuis l'élection d'Emmanuel Macron, je me suis entraîné, je sais comment je fonctionne [...]. Il faut se fixer un cap, moi, jusqu'en 2032, mon projet de vie, c'est ça. » Le maire de Grenoble parle de lui comme il parlerait d'une machine. Piètre représentation de soi-même et parfaitement antinomique avec la cause qu'il affirme défendre. Avant de prétendre desserrer l'étau de la science et de la technique sur la nature, peut-être conviendrait-il de s'en libérer soi-même.

Les Verts travaillent ainsi à extirper de la langue tout vestige du monde d'hier. J'ai hésité avant de recourir à cette notion orwellienne de novlangue : à force d'usage répété, elle tend à devenir exsangue. Elle s'impose toutefois ici et pour sa caractéristique principale qui est la volonté de rupture complète avec le passé. « Toute époque pour laquelle son propre passé est devenu problématique (*questionnable* dit l'anglais) à un degré tel que la nôtre [...] doit se heurter finalement au problème de la langue ; car, dans la langue, ce qui est passé a son assise indéracinable ». Rien n'éclaire plus lumineusement le rapport des écologistes à la langue que cette réflexion de Hannah Arendt. S'ils font, avec les féministes, de la langue leur premier champ de bataille, c'est qu'ils la regardent à très juste titre « comme l'unique bastion derrière lequel se cache le passé ». Arendt concluait que, par cette présence du passé au cœur de la langue, par les concrétions historiques dont elle est le dépôt, les tentatives de s'en débarrasser étaient vouées à l'échec, que la langue demeurerait, quelles que soient les offensives qu'elle subirait, le dépositaire, le conservatoire, la mémoire du monde d'hier. On voudrait la suivre. Mais, au train où vont les choses, nous ne pouvons guère être sereins.

De la langue du vieux monde, de son vocabulaire et de sa syntaxe, il reste à peine trace. Les écologistes ne sont pas les seuls coupables ni responsables assurément. « En capacité », « en responsabilité », « toutes celles et tous ceux »... Cette langue nous assomme à longueur d'ondes et d'images. Ils ont, malgré tout, une incontestable avance. Les écologistes ont été les premiers à nous inoculer l'épouvantable virus du mot « impacter ».

L'idéologie n'est pas seule en question ici. L'indigence de la langue des écologistes ne tient pas uniquement à leur volonté de déconstruction et de destitution d'une civilisation. Les écologistes sont désespérément de leur temps, et d'un temps où l'on n'apprend plus la langue dans la littérature, où elle ne se forge plus au contact de la langue charnue de Rabelais, des mots « bien ouvrés », « bien forgés » (Anatole France) de La Fontaine, de la langue sensuelle, olfactive de Colette ou de Giono. L'art et la passion de « crocheter et fureter tout le magasin des mots et des figures », dont parlait Montaigne, nous deviennent étrangers.

Comment ces discours monotones, mécaniques, convenus, sans le moindre charme ont-ils pu s'imposer ? Je dois avouer que c'est une énigme pour moi. Rendant hommage à Rosa Luxemburg, Hannah Arendt a cette phrase magnifique, qui lui convient si bien : « avec son sens si aigu de la réalité, la façon dont elle s'est strictement tenue à l'écart des clichés ». « Se tenir à l'écart de tous les clichés » afin de permettre au réel d'advenir, de nous inquiéter, de nous émerveiller aussi, devrait être non seulement un devoir, mais un besoin, une nécessité pour nous, les hommes, doués de la faculté de penser. Qu'est-ce qu'un homme qui ne pense pas ? Un homme qui s'arrange pour que le réel ne fasse jamais effraction dans sa vie et, au nombre de ces petits arrangements, les formules toutes faites qui sont autant d'écrans entre soi et le monde.

Nos jérémiades sont-elles autre chose que des criailleries de cuistre, des protestations d'esthète, l'expression d'une vaine nostalgie ? Nullement. Une écologie conséquente élèverait la langue au rang de grande cause nationale. Nous avons perdu les mots en même temps que la terre, en même temps que le sol, en même temps que la culture agricole dont elle procédait, et dont elle porte encore, bon an, mal an, l'empreinte. Deuil et mélancolie des mots perdus, disait Marthe Robert ; deuil et mélancolie de la prodigalité exubérante de la nature marchent de concert. La nature souffre de n'avoir plus été regardée que comme moyen, que comme stock de ressources, comme donnée quantitative ; il nous faut retrouver les mots qui l'expriment comme réalité sensible.

3. « Cour de récréation dégenrée », « budget genré »

Observons d'abord, dans le droit fil de ce qui précède, que parler de « cour de récréation dégenrée » ou de « budget genré » n'a rien de neutre. Une partie des journalistes se sont convertis à cette langue et en usent comme de mots tout à fait ordinaires. Or, ce ne sont pas des mots ordinaires. Ils sont imprégnés d'idéologie : ils postulent que les identités sexuées sont de part en part construites, et construites selon le principe de l'inégalité. Tout est culturel ; ce que la société appelle nature, n'est qu'une culture qui avance sous le masque de la nature pour se perpétuer. On ne naît ni homme ni femme, clament les théoriciens du genre, et si l'on devient l'un ou l'autre et dans la continuité de notre anatomie, ce ne serait que par la force et le poids de la société et de l'éducation, patriarcales, forcément patriarcales, c'est-à-dire où l'homme s'arrogerait sempiternellement la meilleure part.

Grenoble, Bordeaux, Rennes, Strasbourg, Lyon... où que vous tourniez vos regards, au programme, des crèches et des écoles primaires des villes vertes, des cours de récréation « dégenrées ». La « géographie » de la cour de récréation serait un énième indice de la domination masculine qui structurerait nos sociétés. Et chacun d'entonner le sempiternel refrain, écrit par les spécialistes des inégalités, des garçons qui, jouant au football et autres activités sportives, occuperaient le centre, reléguant les filles qui n'en peuvent mais, en périphérie. Métaphore et prélude de leur futur destin de victimes !

Ne croyez pas ce que vous voyez, nous disent en substance les activistes de la cause des femmes : si les petites filles s'adonnent à la causerie, ne pensez pas que ce soit par goût, par plaisir, et qu'elles y soient naturellement portées – la nature n'existe pas, vous a-t-on dit. Ne donnez pas non plus audience aux petites filles qui prétendraient préférer « discuter entre copines » plutôt que de jouer à la balle : à n'en pas douter, c'est le patriarcat qui parle à travers elles – « Les esclaves perdent tout dans leurs fers, jusqu'au désir d'en sortir » (Rousseau, *Du contrat social*, 1762). Si les petites filles discutent donc, c'est que les garçons, enclins à des activités plus remuantes, assiègent l'espace.

Que faire pour mettre un terme à cette odieuse « ségrégation », à cette épouvantable entreprise d'« invisibilisation » des femmes qui commencerait ainsi dès l'école ? Contraindre les enfants à être libres, c'est-à-dire les libérer d'eux-mêmes, de leurs inclinations premières, bannir les jeux auxquels ils se livrent spontanément et qui auraient pour défaut d'être distincts selon le sexe de naissance.

Exit le ballon, *exit* le football, *exit* les enjeux traditionnels, trop « virilistes » ; garçons et filles se voueront à la même activité. Voilà ce qu'est une cour de récréation « dégenrée » : une cour de récréation indifférenciée, dont le programme d'activités aura été soigneusement défini par des adultes *woke*, c'est-à-dire éveillés à la cause de « l'égalité des femmes et des hommes » et donc purs de toute complicité avec le vieux monde patriarcal et sexiste. Plébiscitées entre toutes par l'avant-garde écologiste, les activités liées au jardinage. Jamais à court de néologismes, plus cruels à l'oreille les uns que les autres, le maire de Grenoble, Éric Piolle, exhorte ainsi à « potagiser » les cours de récréation.

Or, qu'est-ce que le moment de la récréation sinon un moment de liberté, surveillée certes, mais où les élèves déploient leurs propres activités, font l'expérience du groupe, de ses règles, de ses lois. Quadrillant chacun des moments de la vie, et dès le plus jeune âge, les écologistes sonnent la fin de ce moment récréatif. Péguy parlait des Tartuffes humanitaires, ces Tartuffes qui s'autorisent du Bien, de notre Bien, pour investir et envahir les moindres recoins de nos vies, comme Tartuffe assiégeait le foyer et l'esprit d'Orgon.

Cour de récréation « dégenrée » et, *dans le même temps*, « budget genré », « sensible au genre » comme on dit à Lyon – première grande ville en France, a applaudi une partie de la presse, à se convertir à ce produit d'importation, venu des États-Unis et des pays d'Europe du Nord. Qu'est-ce qu'un budget genré ? Un budget qui subordonne les subventions à l'usage qui en est fait selon un critère exclusif, l'identité sexuée. Les hommes fréquentent moins les musées et les femmes, les salles et terrains de sport ? Cette différence est immédiatement et inlassablement retraduite dans la langue des « inégalités ». Pour les écologistes, comme pour la gauche dans son entier, si les femmes s'adonnent moins au football ou au basket que les hommes, ce ne peut être que parce que l'éducation et la société y font obstacle. Dans les faits, étant entendu que la société est patriarcale, que les hommes seraient absolument partout, une politique de « budget genré » est une politique au service des femmes et d'elles seules.

Le prisme identitaire investit ainsi la politique ; une politique obsédée d'égalité, plus exactement d'égalisation, d'égalitarisme, d'alignement. Statistiques, quotas, pourcentages, l'art de gouverner se fait géométrique.

Lyon serait donc pionnière en ce domaine. Cinq secteurs se trouvent placés sous observation et surveillance : la mairie du VIIe arrondissement, la direction des Sports, la direction des Espaces verts, la direction de la Commande publique et le musée des Beaux-Arts. Considérons ce dernier exemple, il donnera la mesure du fléau qu'est, fatalement, pour toute institution, mais plus encore pour une institution culturelle, une politique identitaire et diversitaire. Les musées américains sont là pour nous instruire. Regardé et évalué au travers de lunettes « genrées », un musée n'expose plus des œuvres d'art et des artistes, il expose des hommes et des femmes. Foin de la beauté, foin des qualités esthétiques du tableau ou de la sculpture, foin de l'histoire de l'art et de leur importance dans cette histoire, seul le sexe importe. Or, à cette aune, nul besoin de longues études statistiques : la présence des femmes dans l'enceinte des musées est indéniablement « déficitaire » – à moins qu'on ne comptabilise les portraits de femmes, et là, les plateaux de la balance se rééquilibreraient, et même se déséquilibreraient à n'en pas douter, en faveur des femmes, sujets de prédilection des artistes. Les peintres de sexe masculin sont majoritaires.

C'est là que la menace pointe : pour satisfaire aux exigences sexuées et ne pas voir leur budget amputé, que feront les conservateurs de ces établissements ? Ne seront-ils pas tentés, ou contraints, de remiser au placard des œuvres importantes, mais qui auraient contre elles d'appartenir au mauvais « genre » et de les remplacer par des œuvres secondaires, mais correctement « genrées » ? Et surtout, ne seront-ils pas enclins à réviser leur politique d'acquisition et à se priver d'une œuvre de grande qualité, mais signée d'un homme, au profit d'une œuvre mineure, mais signée d'une femme ?

À la différence des musées américains, le principe d'inaliénabilité des collections publiques nous protège d'une autre funeste conséquence d'une politique culturelle identitaire : la décision de se séparer d'œuvres capitales afin de financer l'acquisition d'œuvres répondant aux impératifs « genrés ». L'exemple du musée de Baltimore est à cet égard édifiant : résolu à « diversifier » ses collections, son directeur n'a pas craint de mettre en vente des œuvres d'« artistes mâles et blancs », d'Andy Warhol et de Robert Rauschenberg notamment, afin d'acquérir des œuvres d'artistes issus des minorités et de la diversité – pour l'essentiel, des femmes et des artistes noirs.

Nous sommes protégés par le principe d'inaliénabilité de nos collections publiques, ai-je dit. Certes. Jusqu'à quand ? Est-on cependant en droit de se demander. La politique adoptée par le Président Macron de restitution des œuvres d'art africaines a prouvé que ce noble et précieux principe, vieux d'un demi-millénaire pour ainsi dire, sanctionné par l'édit de Moulins de 1566 – le roi Charles IX consacrant « l'existence d'un domaine royal fixe » – pouvait être aisément violé par les pouvoirs publics eux-mêmes.

Une politique budgétaire identitaire et diversitaire, cela signifie aussi, pour les musées – mais c'est déjà le cas du fait de l'emprise idéologique du féminisme, singulièrement dans les institutions culturelles –, la multiplication d'expositions « genrées ». Ce qui est loin de rendre le plus bel hommage à des peintres qui n'avaient que faire de leur sexe et de leur identité. Ne commettons pas le péché d'anachronisme : l'obsession identitaire n'est pas de tous les temps, non plus de tous les pays et, en France, jusque dans les années 1980, elle nous était étrangère. Élisabeth Vigée Le Brun ou Constance Mayer avaient la passion de la peinture chevillée au corps et à l'âme, c'est-à-dire la passion de voir et de donner à voir. « Guetteur de vie et chasseur de vérité », selon la belle formule de Rodin, tel est l'artiste quel que soit son sexe. Un grand peintre vaut par ses conquêtes dans le domaine du visible. Rien d'autre.

« Budget genré » : Paris n'a pas encore le mot, mais la chose n'est pas loin d'advenir. L'élue EELV, Alice Coffin, milite ardemment en ce sens. Les femmes ne seraient pas assez représentées, dans les théâtres notamment, que ce soit comme auteurs ou aux postes de direction. L'auteur du *Génie lesbien* réclame l'établissement de « statistiques » afin d'attribuer les subventions en fonction de quotas de femmes. « Depuis un an, a-t-elle rappelé lors du conseil municipal de Paris de juin 2021, on s'attache avec le groupe écologique, particulièrement au sein de la commission Culture, à s'assurer que l'argent public alloué aux établissements culturels ne bénéficie pas qu'à une seule catégorie d'artistes : les hommes. » « Cette discussion n'est pas seulement légitime, c'est normal », s'est empressée de répliquer l'adjointe à la Culture d'Anne Hidalgo, Carine Rolland, assurant que le « genre » ne tarderait pas à être intégré aux différents critères d'attribution des subventions.

Redoutable boîte de Pandore que cette politique budgétaire indexée sur le sexe : après « le budget genré », viendra fatalement l'heure du « budget racisé ».

D'un côté, celui des crèches, l'indifférenciation ; de l'autre, celui du budget, la différenciation et l'assignation... À en perdre notre latin. Les écologistes sont en effet, comme l'ensemble des féministes, pris entre deux feux : adeptes du genre, ils militent pour l'indistinction et, dans le même temps, chantres d'un féminisme identitaire, ils entendent exalter les femmes *en tant que femmes*, les promouvoir *en tant que femmes*, leur assurer « la visibilité » *en tant que femmes*.

4. Minorités et diversités, grandes causes municipales des Verts : les droits culturels

La chose est passée inaperçue[1]. Elle est cependant l'indice le plus puissant de l'adhésion des écologistes à l'idéologie identitaire et diversitaire importée des

1. Insigne exception, le journaliste du *Monde*, Michel Guérin, observateur sagace de la vie culturelle en France. Je dois à la lecture de deux

États-Unis et de leur volonté d'y convertir la France. Tous, ou presque, entendent sacrer et consacrer « les droits culturels ». La notion a en effet le vent en poupe dans les mairies vertes : à Poitiers, Léonore Moncond'huy s'est choisi un délégué « aux Droits culturels » ; à Grenoble, Éric Piolle a nommé une adjointe « Culture(s) » – et le pluriel n'est évidemment pas un détail ; à Lyon, Grégory Doucet a annoncé l'instauration d'« états généraux des Droits culturels » ; Pierre Hurmic, à Bordeaux, se flatte de faire des « droits culturels une priorité en lançant un forum de la Création et des expressions culturelles » ; à Rennes – ville administrée par une coalition de socialistes et de Verts –, le délégué écologiste à la Culture, Benoît Careil, engagé de longue date dans leur promotion, regarde les droits culturels comme un « vrai enjeu de société, celui de faire mieux humanité ensemble », selon le jargon de rigueur.

Que faut-il entendre par « droits culturels » ? Le droit de chacun à « sa » culture, à « son » identité avec pour corrélat, et c'est cela qui est décisif, le *devoir* des pouvoirs publics de leur garantir un espace d'expression et de « visibilité ». Forgée et introduite par l'Unesco dans le cadre de la déclaration universelle sur la diversité culturelle, en 2001 – ce qui n'est pas indifférent –, approfondie dans la déclaration de Fribourg de 2007, la notion de droits culturels fait son entrée dans la législation française en 2015, à la faveur de la loi sur la décentralisation, la loi NOTRe – acronyme pour Nouvelle organisation territoriale de la République –, ainsi que dans la loi sur la liberté de création, en 2016.

---

ou trois de ses chroniques du vendredi d'avoir eu l'attention attirée sur ce point capital.

Les droits culturels visent à garantir à chacun et à tous « le droit d'affirmer et d'épanouir son identité et sa diversité », le droit d'« exprimer, à sa façon, son humanité ». L'objectif ? « Vivre ensemble et faire territoire d'humanité », selon le jargon de leurs théoriciens et thuriféraires. La question de l'accès aux œuvres de culture se trouve reléguée au second plan, supplantée par celle du droit à « s'exprimer »[1].

La notion de « droits culturels » s'inscrit donc dans une constellation d'« hégémonies nouvelles », ainsi que l'observe l'historien Pascal Ory ; « hégémonie des identités, hégémonie de la diversité d'importation anglo-saxonne ». Elle traduit « une conception socialisée de la valeur des œuvres, considérant leur caractère non universel. C'est-à-dire une forme de différentialisme culturel à rebours de notre héritage de politique culturelle », prolonge le chercheur Vincent Guillon de l'Observatoire des politiques culturelles. Promouvoir les « droits culturels » revient donc à homologuer, à sanctifier une conception identitaire, communautariste

1. Ce n'est pas le lieu ici de développer ce point, notons toutefois que notre intelligence de l'œuvre d'art et plus largement des œuvres de l'esprit, de leur fonction, du rôle qu'elles peuvent jouer dans nos vies, s'est entièrement fourvoyée avec l'introduction de la notion d'« expression » dans le domaine artistique. Rembrandt ne *s'exprime* pas : il ouvre les yeux, il voit le monde, il explore, il sonde, et son œuvre n'est grande que par les conquêtes qu'il a accomplies – même dans ses autoportraits, si ceux-ci nous demeurent des phares parce qu'ils rendent visibles l'invisible, en l'occurrence l'énigme de la vieillesse... Les artistes sont grands et leurs œuvres, immortelles parce qu'ils ont porté le flambeau dans les coins les plus reculés de l'âme humaine. L'artiste, selon la définition déjà citée qu'en proposait Rodin, est « un guetteur de vie et un chasseur de vérité » et les œuvres qui « ne meurent pas sur les saisons », selon le mot magnifique de Rimbaud, sont celles qui possèdent un inaltérable pouvoir de révélation. Quand vous dites : « C'est beau ! », vous dites : « C'est vrai ! », « C'est bien ainsi que cela est ! ».

de la culture. Sous-texte signé et approuvé par les écologistes et une bonne partie de la gauche : la culture au singulier et sa prétention à l'universalisme n'étaient que le masque sous lequel « la culture des dominants » imposait et exerçait son empire, et par « culture des dominants », entendez la culture, les œuvres des mâles blancs hétérosexuels catholiques et juifs, travaillant ainsi à « invisibiliser » les minorités et la diversité. Le temps de la revanche serait donc venu.

Pour les écologistes, comme pour le candidat Emmanuel Macron pendant la campagne présidentielle de 2017, « il n'y a pas de culture française, il y a des cultures en France ».

Avec la consécration des « droits culturels », une page se tourne, vieille de plusieurs millénaires. La conception cicéronienne de la culture comme *cultura animi*, comme formation de l'esprit par la fréquentation des grandes œuvres du passé, cède la place, sans reste, à la culture au sens anthropologique. La contamination et, bientôt, l'absorption de la conception humaniste de la culture par son acception ethnologique ne datent pas des Verts.

Assurément. Mais qu'ils en soient également les fossoyeurs rend éclatante l'inconsistance de leur philosophie. *Cultura animi,* magnifique et inépuisable métaphore agricole qui invitait à penser la formation de l'esprit humain sur le modèle du travail du sol : on forge l'âme comme on laboure une terre, non sans efforts, non sans peine ; les œuvres retournent, remuent l'esprit comme le laboureur retourne le sol, elles y creusent des sillons, l'ensemencent de *fermenta cognitionis*, de graines de savoir et de sagesse qui, avec le temps, viendront à éclore. Peut-on concevoir plus bel hommage au paysan que cette analogie ! Et, ironie de l'histoire ou plutôt confirmation de ce qui nous est déjà apparu dans leur rapport à la langue, il appartient aux écologistes de jeter la dernière pelletée de terre sur un des liens qui attachaient encore l'homme à la vie rurale.

Tout n'est pas culture, parce que tout objet, fût-il estampillé artistique, littéraire, ne participe pas à la *cultura animi* ; tout ne travaille pas à la formation de l'esprit, à l'élargissement de la pensée et n'étaye pas le vocabulaire de l'intelligence et de la sensibilité. Mais peu importe. Congé est donné à toute définition normative. Désormais, la culture est un donné. « Dire que nous ne sommes pas tous des acteurs culturels est un non-sens : nous sommes tous des êtres de culture », professait ainsi Jean-Michel Lucas, expert et militant des droits culturels – France Culture, 4 février 2021.

« Quel que soit le nom qu'on assigne à une chose, c'est là le nom correct. Et change-t-on de nom en mettant fin à la première appellation, pour moi, le second nom n'est pas moins correct que le premier » : l'Hermogène de Platon triomphe définitivement de Cratyle.

L'effacement de la culture comme *cultura animi* s'éclaire d'une autre disparition : celle de l'âme.

5. L'homme des écologistes n'a plus d'âme ; il a une identité et un prurit, la visibilité

L'homme des écologistes, et de toute la gauche d'aujourd'hui, n'a plus d'âme ; il a une identité. Une identité et une obsession, un prurit même, celui d'« exprimer » cette identité, de la rendre « visible ». Lorsque Jean Vilar défendait l'accès aux grandes œuvres de l'esprit, c'était encore au nom de l'âme humaine : « Privez le public [...] de Molière, de Corneille, de Shakespeare :

à n'en pas douter, une certaine qualité d'âme en lui s'atténuera. »

La promotion des identités parachève ainsi un processus amorcé dans les années 1980 : la valorisation des différences. La consécration, par la gauche socialiste au pouvoir, de la figure de l'Autre, au travers de la création de SOS Racisme en 1984, du plébiscite de la Gay Pride ou, dans le cadre des commémorations de la révolution de 1789, du défilé du 14 Juillet confié à Jean-Paul Goude et conçu comme un hymne au métissage, marque une rupture décisive dans notre histoire. Une étape nouvelle a cependant été franchie ces dernières années avec le glissement, le saut même, de l'exigence de reconnaissance à l'impératif de visibilité.

Une politique de *reconnaissance* des identités – théorisée par le Canadien Charles Taylor qui exerça une incontestable influence sur les intellectuels français dans les années 1990 – était, déjà, parfaitement contraire à l'esprit français. Mais ce n'était là qu'une première étape, désormais, et toujours sous l'influence du monde anglo-saxon, les « minorités », la « diversité » ne s'en contentent plus. Les identités réclament de la « visibilité ». Elles exigent d'investir l'espace public afin d'être pleinement visibles *en tant que* femmes, *en tant que* Noirs, *en tant que* musulmans, *en tant que* « trans », etc. Les Grecs de l'Antiquité aussi aspiraient à devenir des hommes *andres epiphaneis*, des hommes pleinement visibles, « pleinement manifestes, impossibles à ne pas voir[1] », afin de se distinguer du commun des mortels et ainsi demeurer dans les mémoires. Mais la « visibilité » n'était acquise qu'à celui qui avait su

1. Thème cher à Hannah Arendt, voir *La Vie de l'esprit*, t. 1 : « La Pensée », Puf, coll. « Quadrige », 1981, p. 88-89.

faire montre de courage, « s'illustrer » – mot qui dit la lumière (*lux*) que confère la gloire – par la grandeur de ses actions et la noblesse de ses discours. Ici, la lumière est un dû.

Je ne suis pas certaine que l'on ait pris toute la mesure de ce que peut signifier l'apparition de ce petit vocable de « visibilité », plus redoutable encore que celui de « reconnaissance », pour un peuple et pour un pays comme la France qui a, plus que tout autre, élevé la belle et noble vertu de la discrétion au rang de vertu commune, de vertu de la vie en commun. Ne pas envahir l'espace public de son moi pourrait être notre devise. En France, on n'exhibe pas son identité. L'ostentation de soi est de mauvais aloi. Je suis convaincue que c'est là une des raisons pour lesquelles les Français sont et demeurent si attachés à la laïcité. La laïcité est d'abord exigence de discrétion. Interrogé sur le port du voile islamique, Claude Lévi-Strauss ne faisait pas tintinnabuler la clochette des « valeurs de la République », non plus celle de l'égalité des hommes et des femmes, mais une autre vertu apparentée à la discrétion : « Pour moi, répondait-il, il s'agit tout simplement d'une impolitesse. »

Si la discrétion est une vertu commune, une vertu rendant possible la vie en commun, c'est que l'altérité inquiète et cette inquiétude n'a rien d'illégitime – « les "autres" [...] me hantent, que je hante », établissait Merleau-Ponty. Les formes, les codes vestimentaires, les règles de politesse, bref les conventions sont précisément là pour amortir le choc de l'altérité. Merleau-Ponty distinguait ainsi entre deux formes d'humanisme. Le premier, et le seul authentique, « affronte comme un problème le rapport de l'homme à l'homme et la constitution d'une situation et d'une histoire qui leur soient communes » ; le second, faux humanisme, humanisme frelaté, « ne trouve aucune difficulté de principe dans les rapports [de l'homme] avec les autres ». Autrement dit, l'humaniste digne de ce nom sait que l'altérité est une épreuve et que cimenter un peuple n'a rien qui aille de soi. L'humanisme d'un Éric Piolle comme de tous ceux, socialistes, membres de La France insoumise, communistes, que l'élu de Grenoble aimerait voir réunis dans un grand « arc humaniste », relève de ce faux humanisme qui se dérobe à l'art et à la responsabilité politique par excellence de faire de l'un avec du multiple – et l'on ne confond pas symphonie et concert à l'unisson.

En dépit de sa captation par les identités, la culture continue d'être célébrée par les élus écologistes comme émancipatrice. Quel sens cela a-t-il lorsque, loin de nous libérer de nous-mêmes, de nous libérer des échos dont résonne la caverne, de nous offrir l'occasion de nous mettre entre parenthèses, elles nous y reconduisent, nous y enfoncent ? La culture des écologistes, la culture des « droits culturels » incarcère l'individu dans son être, dans son identité. Mauvais procès ? Jugeons sur pièce. Invité sur France Culture, Jean-Michel Lucas, déjà cité, promoteur ardent des droits culturels et conseiller au ministère de la Culture, évoque le travail qu'il mène à Clichy-sous-Bois, avec la compagnie L'Île de la Tortue, composée exclusivement de « femmes issues des quartiers prioritaires » : il s'agit, explique-t-il, d'« accompagner ces femmes vers l'offre théâtrale » et à leur remettre intégralement les clefs de « leur propre programmation au sein de leur communauté ».

Que la promotion des droits culturels encourage le communautarisme et exacerbe le processus de décomposition nationale, Benoît Careil, le délégué écologiste à la culture de la mairie socialiste de Rennes, défenseur aussi ardent que Jean-Michel Lucas des droits culturels, l'admet : la consécration des « droits culturels ne va pas sans présenter de dangers, [mais] le mouvement est irréversible, soutient-il, et il faut avancer. Notamment lors du renouvellement des responsables culturels. Si un candidat n'a rien à dire sur les droits culturels, s'il ne voit pas les enjeux de la parité, de la diversité, du partage des responsabilités, du développement durable, nous l'écartons ». Il est inutile, autrement dit, de briguer la responsabilité de quelque institution culturelle que ce soit, si l'on n'est pas déterminé à œuvrer à l'avènement d'un monde identitaire et diversitaire.

Évidemment, soyons honnêtes, le mal ne frappe pas les seuls Verts ; tous nos politiques et responsables culturels sont touchés. Le 12 février 2021, le Président Macron nommait à la tête du Théâtre national de la danse, sur proposition de la ministre de la Culture, Roselyne Bachelot, Rachid Ouramdane. Et s'il avait été choisi, c'était précisément que son projet avait été jugé par l'Élysée commc « le plus généreux, le plus fédérateur, ancré dans les enjeux de société, le plus convaincant à ce moment précis de l'histoire de Chaillot et de notre pays ». Or, quel était-il, ce projet ? Le directeur chorégraphe ne pouvait être plus explicite sur son dessein : « Il y a eu à Chaillot, le théâtre populaire de Jean Vilar, puis "élitaire pour tous" d'Antoine Vitez ; je veux défendre le théâtre des diversités. »

6. Lorsque la bise, et très exactement la tempête, islamiste vient à souffler...

La France des écologistes est donc composée de « cultures » et leur seul devoir est de leur reconnaître le droit à la visibilité. On comprend dès lors que, philosophiquement, politiquement, moralement, les élus verts, à l'image d'Éric Piolle à Grenoble ou de Jeanne Barseghian à Strasbourg, soient totalement dépourvus lorsque la tempête islamiste vient à souffler. Pour les écologistes, comme pour la majeure partie de la gauche, au-dessus de l'individu, il n'y a rien et surtout pas les mœurs françaises ; le droit de chacun à vivre selon « sa » culture constitue un impératif catégorique. Les désirs et les caprices de chacun sont des ordres.

Tournons nos regards du côté de Grenoble et de son maire Éric Piolle. Il n'est pas excessif de parler d'un conflit de loyauté. Édile d'une ville *française*, il devrait, à ce titre, se faire le garant de la forme de vie française, de sa continuité, mais la France n'existe pas pour lui, elle n'a pas d'identité propre, pas d'identité substantielle ni même narrative. Ardent promoteur, qui plus est, des « droits culturels », au nom de quoi pourrait-il proscrire le port du burkini dans les piscines de sa ville ?

Depuis mai 2019, l'édile est mis à l'épreuve par l'Alliance citoyenne, association locale de femmes musulmanes qui revendiquent le droit de se baigner dans les piscines publiques de la ville en burkini – sorte de burqa balnéaire. Les islamistes ont peut-être perdu la bataille de la burqa en 2010 avec le vote de la loi interdisant la dissimulation du visage dans l'espace public, ils n'entendent pas cependant en rester là et, depuis 2016, investissant les plages de la côte d'Azur notamment, ils ont ouvert cet autre front.

En 2019, violant le règlement intérieur de la piscine Jean-Bron, des activistes d'Alliance citoyenne se baignent ensevelies dans ce vêtement les couvrant de la tête jusqu'aux chevilles. Rappelons au passage, mais il est vrai que la mémoire n'oblige guère les Verts, que Jean Bron fut un éminent homme de gauche, membre actif du comité d'action laïque. Éric Piolle exclut toute intervention et, déjà, renvoie le mistigri à l'État. En juin 2021, nouvelles offensives, alors que le maire de Lyon prétend à la magistrature suprême en se portant candidat aux primaires d'EELV en vue des élections présidentielles. Piolle refuse toujours de trancher, autrement dit de s'y risquer *en personne*. Et, le 18 juin, il adresse une lettre ouverte au Premier ministre, exigeant de la puissance publique qu'elle statue pour l'ensemble de la nation.

Dans cette missive, le maire de Grenoble se fait implicitement le porte-voix des activistes : ces « usager-ères, écrit-il, expriment l'inadéquation des règlements intérieurs avec leurs besoins, attentes et contraintes en matière de santé, de pudeur, de convictions ou encore d'allergies ». Et le maire de concéder que, en l'état, le texte serait par trop imprécis pour justifier qu'il leur refusât l'accès à la piscine. Autrement dit, leurs récriminations sont les siennes. Démission qu'annonçait la réplique de l'adjointe envoyée par Piolle sur le terrain, Annabelle Bretton : « L'adjointe à la Démocratie ouverte que je suis [tel est en effet son titre] ne peut pas condamner les revendications des citoyennes. L'Alliance citoyenne a posé un cadre qui était plutôt serein

– rappelons que l'association s'est fait une spécialité de violer le règlement intérieur des piscines. C'est dans leur ADN de pousser et marquer les esprits. Et on ne va pas les faire changer de méthode. » Capitulation en rase campagne !

Éric Piolle se refuse à voir ce qu'il voit. Dans la revendication du port du burkini, il fait mine de ne déceler qu'un sens aigu de la pudeur, un innocent et légitime souci de sa santé (?!) quand ce vêtement est un des marqueurs identitaires de l'islam politique.

Le burkini appelle une réponse de même nature que celle que nous avions su opposer à la burqa : comme la burqa, le burkini ne contrevient pas à la laïcité – laquelle ne s'applique pas dans l'espace public –, il ne contrevient peut-être pas même aux règles de l'hygiène. Mais une chose est assurée, il contrevient à la physionomie de notre pays. Et, en 2010, c'est ce principe qui fut invoqué : le législateur fit alors droit aux « mœurs, coutumes et traditions propres à une nation ». La hardiesse du législateur de 2010 nous aurait donc quittés, à moins que ce ne soit nos mœurs qui, en une décennie, aient encore perdu de leur autorité et notre puissance de résistance, de cette vitalité.

De cette compromission avec l'islamisme politique, Strasbourg offre un autre funeste exemple. Jeanne Barseghian, dont un des soutiens se flattait pendant la campagne électorale des municipales de servir « la seule liste avec une daronne voilée », compte parmi ses élus, et donc au sein de son conseil municipal, une femme portant le hidjab. L'édile strasbourgeoise s'est ensuite distinguée en faisant voter, le 22 mars 2021, le principe d'une subvention de deux millions et demi d'euros pour la construction de la mosquée Eyyub Sultan. Projet pharaonique, il s'agirait de la plus grande mosquée d'Europe – coiffée, une fois achevée, de 30 coupoles –, portée par la confédération islamique Millî Görüş est une association de la communauté turque défendant un islam politique et ayant refusé de signer la charte des principes de l'islam de France. Les promoteurs du projet renoncèrent finalement à solliciter les subventions municipales, mais les faits étaient là. La complaisance des écologistes à l'endroit de l'islam est une réalité. Même si, dans ce cas précis, il conviendrait d'incriminer l'équipe municipale précédente : que le droit de construire un édifice d'une telle ampleur ait été accordé est proprement inacceptable !

Il ne s'agit donc pas de dénoncer des idiots utiles de l'islam politique. Les élus verts savent très bien ce qu'ils font et ce qu'ils veulent. Une chose est assurée, la reconquête des territoires perdus par la République mais d'abord et surtout par la France, ne passera pas par les Verts.

7. *La concurrence victimaire*

Terminons sur une note plus légère, mais à prendre non moins au sérieux, car c'est bien la continuité historique d'un pays qui est en jeu ici. Les femmes, les LGBT, les minorités et la diversité se disputaient déjà la distribution des noms de rues ou de lieux publics ; avec les écologistes entre en lice un nouvel acteur de la concurrence victimaire : l'animal. Ainsi, le 4 octobre 2020, « Jour du bien-être animal », le maire de Tours, Emmanuel Denis, baptisait le jardin municipal honorant jusqu'alors la mémoire de Nicolas Frumeaud – figure de l'histoire de la ville, bourgeois du XIIe siècle incarnant l'affirmation du pouvoir communal face au pouvoir religieux –, du nom de Fritz, en hommage à un éléphant de cirque qui, en 1902, s'étant enfui et semant la panique dans la ville, avait fini par être abattu. « Symbole de la lutte contre la maltraitance animale », clame l'équipe municipale. Et la presse d'enchérir dans le pathos, décrivant l'animal « entravé, renversé et mis à mort par strangulation » – quand le site de la mairie n'évoque qu'un animal « étranglé ».

Or, en quoi la pauvre bête aurait-elle été victime de maltraitance animale ? L'éléphant est saisi d'un accès de fureur, il est réputé dangereux, les cornacs eux-mêmes sont fort inquiets – il a déjà à son actif un mort et plusieurs blessés –, la décision est donc prise de le sacrifier. Quelle autre issue pouvait-on concevoir : aurait-on dû l'enfermer dans un zoo, le remettre en liberté ?

Nul n'en a cure et, de toute façon, tout serait coupable dans cette histoire, à commencer par l'existence même d'un cirque. Et l'adjointe en charge de la Biodiversité, de la Nature en ville et de la Condition animale, Betsabée Haas, de se féliciter en effet de l'heureuse conjonction des planètes : le baptême animalier du jardin ayant lieu quelques jours après l'annonce, par la ministre de la Transition écologique, Barbara Pompili, de la « fin progressive de la présence de la faune sauvage dans les cirques itinérants » : « Éléphants, singes, dauphins ou encore visons : il est temps d'ouvrir une nouvelle ère dans notre rapport à ces animaux. »

« Nous avons une personnalité animale dans cette ville, c'est une porte d'entrée patrimoniale et affective sur l'idée de bien-être animal », s'est réjouie l'adjointe. Tout le monde n'a pas cette chance, il fallait s'en saisir. Nos grands hommes et leurs statues peuvent trembler sur leur socle !

IV. Khmers verts ? Totalitarisme vert ?

> Parmi mes modestes qualités, je compte le fait de ne pas souhaiter changer l'espèce humaine.
>
> Theodor Fontane

« Il y a deux sortes de tyrannie, distinguait Montesquieu : une réelle, qui consiste dans la violence du gouvernement ; et une d'opinion, qui se fait sentir lorsque ceux qui gouvernent établissent des choses qui choquent la manière de penser d'une nation. » Au regard de ce qui vient d'être exposé, l'écologie au pouvoir ne semble pas craindre de verser dans cette dernière forme de tyrannie. Et c'est bien ainsi qu'elle est perçue, d'où la dénonciation d'un totalitarisme vert, d'une politique de Khmers verts. Je nourris les plus grandes préventions à l'égard des analogies historiques qui risquent de nous faire manquer le caractère inédit du présent. Facilité de journalistes ? Venin d'adversaires politiques ? Examinons la chose. En quel sens peut-on dire de l'écologie telle qu'elle s'incarne aujourd'hui qu'elle prend volontiers un tour totalitaire ?

1. Du volontarisme politique au constructivisme

Les familles de l'écologie sont multiples, mais elles s'accordent sur un point : le monde tel que nous le connaissons n'a pas d'avenir et, proclament-ils en chœur, il ne doit pas en avoir. L'écologie s'affirme et s'affiche comme le nouvel avatar de l'utopie de la régénération de l'humanité. L'homme se trouve mis en accusation, l'homme occidental très exactement, on l'a vu : si la vie sur Terre est hypothéquée, la faute lui en incombe. Tout est coupable : le modèle de développement qu'il s'est choisi depuis la révolution industrielle assurément, mais, plus fiévreusement encore, l'idée qu'il s'est formée de son humanité, partant le rapport qu'il entretient avec la nature, la forme de vie occidentale, l'entente française de la vie qui cependant fut la première victime du primat de l'économie, de la préséance accordée à la rentabilité, à la fonctionnalité, à l'efficacité. Sans doute, la barbarie se faisant douce, on ne parle plus que de « changer les mentalités et les comportements », mais il s'agit bien de hâter l'avènement d'un homme qui ne ressemblera en rien à l'homme tel qu'on le connaît : l'homme de demain, promet-on, ne sera plus carnivore, ne chassera plus, n'ira plus au cirque, vivra en communion avec le vivant, créature « terrestre » parmi les « terrestres »... Sous le masque de l'inquiétude et de la sollicitude perce irrésistiblement le sourire carnassier du procureur et du fossoyeur.

Après la « mondialisation heureuse », la « frugalité heureuse », le bonheur est le miel dont on enveloppe les mesures les plus âpres et les plus contraires aux intérêts des hommes et des peuples – et l'on songe au mot de Benjamin Constant : « Quelque touchant que soit un intérêt si tendre, prions l'autorité de rester dans ses limites. Qu'elle se borne à être juste ; nous nous chargerons d'être heureux. [...] D'ailleurs, Messieurs, est-il donc si vrai que le bonheur de quelque genre qu'il puisse être soit le but unique de l'espèce humaine ? [...] Ce n'est pas au bonheur seul, c'est au perfectionnement que notre destin nous appelle. »

« En France, le tournant écologique fait souffler un petit vent de panique sur la vie intellectuelle et politique. L'essor de la sensibilité pour la nature heurte l'ancienne cléricature », pouvait-on lire dans *Le Monde*, le 25 septembre 2020. Ce n'est évidemment pas que les écologistes soient sensibles à la nature qui nous occupe, contrairement à ce que tente de faire accroire le journaliste Nicolas Truong, mais bien que le prisme écologique ait raison de toute autre considération, que le sauvetage de « la Planète » soit une sorte de blanc-seing pour toutes les dégradations et destructions ; bref, que la nature serve d'alibi pour mieux anéantir la culture.

Ce n'est pas non plus qu'ils aspirent à agir qui rend les Verts redoutables, c'est qu'ils rabattent l'action politique sur la fabrication. Du volontarisme politique – qui est une vertu –, ils glissent sans crainte ni tremblement vers le constructivisme. La politique se fait ingénierie sociale et anthropologique. La politique ne poursuit plus des fins précises, limitées dans le temps ; non, elle se fait bâtisseur d'une humanité nouvelle.

Les hommes et les peuples ne sont plus que du matériau à modeler selon la logique d'une Idée. Leur fidélité, leurs attachements, leurs divertissements ne sauraient retenir la main. Dans *La Politique de la*

Terreur, l'historien Patrice Gueniffey décrit rigoureusement ce glissement inauguré par la Révolution française et qui sera la marque des totalitarismes du XXe siècle. Dans l'idée moderne de révolution, explique-t-il en substance, s'allient la croyance dans la toute-puissance de la volonté et la foi dans la malléabilité indéfinie du réel ; cette croyance permet de former le projet de « reconstruire la société selon un plan tracé d'avance et affranchi de tout ancrage dans la tradition et dans l'histoire ». Refusant de compter avec les limites que lui imposent les circonstances, et impatiente d'atteindre les fins qu'elle s'est assignées, la politique ne craint pas de passer en force. D'où la brutalité, la violence dont est grosse cette conception du pouvoir.

Le problème majeur de nos écologistes est qu'ils se regardent comme l'avant-garde éclairée, instruite du sens de l'histoire. Nous n'avons pas tiré les leçons des totalitarismes du XXe siècle, non plus d'ailleurs celles de la Terreur de 1793. Ce n'est pas que les nazis aient manqué d'« amour », de « tolérance », de « bienveillance » qui éclaire la fabrique industrielle de cadavres – l'approche sentimentale nous a égarés – ; c'est qu'ils se soient tenus, comme les communistes et c'est pourquoi ils relèvent ensemble de la catégorie de totalitarisme, pour les dépositaires du sens de l'Histoire ; confidents d'un Absolu dont ils seraient le bras armé, les agents de sa réalisation. Non, le communisme n'est pas une belle et noble et généreuse idée qui aurait été dévoyée par Lénine et Staline ; le communisme est porté par l'utopie de la régénération de l'humanité, et c'est elle qui est meurtrière. L'idée de redresser le bois tordu dont est faite l'humanité débouche fatalement sur la destruction. Prétendre savoir ce à quoi doit ressembler une humanité réconciliée et heureuse, se donner pour mission d'acheminer les peuples vers cet horizon radieux est gros de massacres. Ce qui rend les totalitarismes si destructeurs, c'est qu'ils confondent action et fabrication : comme le menuisier fabriquant un lit est comme guidé dans chacun de ses gestes par l'Idée du lit, les régimes totalitaires le sont par l'Idée qu'ils se forment du meilleur des mondes. Si le nazisme et le communisme peuvent être rangés ensemble sous la catégorie politique de totalitarisme, c'est que l'un comme l'autre sont en rébellion contre l'humaine nature et l'humaine condition. Tout mouvement qui se tient pour instruit du Bien, du Juste, et s'autorise de cette instruction pour régler la vie des hommes, est potentiellement totalitaire.

Idéologie et terreur sont les deux piliers des totalitarismes. L'écologie politique et militante, culturelle et médiatique aussi, ne craint pas de s'y adosser. Les Verts savent, Anne Hidalgo sait ce à quoi doit ressembler le monde idéal et, de gré ou de force, une fois installés au pouvoir, ils entendent bien le réaliser. Totalitaires en cela également qu'avec l'autorité de l'argument de l'urgence climatique, ce sont les moindres de nos gestes quotidiens que ces politiques s'autorisent à traquer ; nos imaginaires, notre vie la plus intime et la plus intérieure, « l'arrière-boutique toute nôtre » de nos existences qui se trouvent pris d'assaut.

2. *Démocratie avec catéchisme*

Les écologistes se présentent en hérauts de la « démocratie participative ». Chacun y va de son initiative, « conseil citoyen », « budget participatif » à Lyon ; consultation de la population quant à l'appellation du maire : « Madame le maire », « Madame la maire », « Madame la mairesse »... Le féminin avait ses faveurs, mais la future élue de Poitiers Léonore Moncond'huy, alors en campagne électorale, s'en remit aux habitants pour trancher. Le 8 mars 2020, date de la Journée internationale des droits des femmes, à deux semaines du premier tour du scrutin des élections municipales, son équipe sonda ainsi 450 personnes sur un marché du centre-ville et dans un quartier populaire. « Madame la maire » obtint la majorité des suffrages. « C'était aussi ma préférence. Mais si une autre appellation avait été choisie, je l'aurais tout aussi bien adoptée. » « Assises de la démocratie permanente » à Bordeaux, instaurées pour un semestre, de mai à octobre 2021, et dans ce cadre, entre autres gadgets, la mairie de Bordeaux met à disposition de son bon peuple un « parlement mobile », une « agora en bois » de 80 places, « structure symbolique et physique », « invitation au dialogue » et à la participation à des « rencontres animées par des acteurs locaux ou [lit-on sur le site de la mairie, non sans perplexité ni quelque effroi] spécialisés dans l'intelligence collective ». L'édile Pierre Hurmic promettant de « montrer aux Bordelaises et Bordelais qu'ils peuvent devenir acteurs de leur ville ». À la condition cependant que leur ville, la ville dans laquelle ils aspirent à vivre, ressemble trait pour trait à celle des écologistes : végétalisée, délivrée des voitures, « inclusive », etc.

L'épisode du sapin de Noël à Bordeaux est là pour l'attester. Suite aux vives et nombreuses protestations suscitées par la décision de Pierre Hurmic, la tenue d'une consultation fut un temps évoquée mais, très vite, le maire en balaya d'un revers de main l'éventualité avec l'argument le plus éculé qui soit : la fronde n'était jamais que l'expression du « pouvoir hallucinant des conservateurs et des réactionnaires », lesquels avaient « du mal [selon lui] à se remettre du fait que les Bordelais voulaient un peu de changement ». Au banquet écologiste, toutes les voix ne sont pas égales ; quiconque a l'audace de s'opposer n'est jamais que l'expression d'une humanité périmée, condamnée par l'histoire. Les écologistes, à l'image du maire de Tours en butte à la contestation après avoir décidé de fermer l'accès de divers ponts de sa ville aux voitures, ont la certitude d'œuvrer dans le sens de l'histoire. « C'est le vieux monde qui résiste », s'est ainsi rassuré Emmanuel Denis pour mieux délégitimer les protestations populaires. Et d'ailleurs, pour mettre le bâillon à toute voix discordante, nos écologistes disposent d'une arme fatale : « l'état d'urgence climatique ». Qui dit état d'urgence, dit état d'exception et, par conséquent, latitude accordée au pouvoir d'imposer des restrictions aux libertés individuelles au nom d'un intérêt supérieur. En 2019, à l'initiative de la maire de Paris, Anne Hidalgo, le conseil municipal votait l'état d'urgence climatique : coudées franches que, à peine entrés en fonction, s'empressèrent de se donner les maires d'EELV.

Si la démocratie est le régime le plus bavard, si l'expression doit s'y trouver libre, si la tolérance doit en être la règle, ce n'est pas au nom du *droit* de chacun à s'exprimer, à dire ce qui lui passe par la tête, parole spontanée, immédiate, brute, affranchie de tout travail de mise en forme – captation toute narcissique de cette belle conquête des Lumières –, mais parce que nul ne peut se prétendre dépositaire du Vrai, du Bien, du Juste. Le démocrate est modeste, dit Albert Camus, « Il avoue une certaine part d'ignorance [...]

il reconnaît qu'il a besoin de consulter les autres, de *compléter ce qu'il sait* par ce qu'ils savent. » On aura noté « une certaine part d'ignorance » ; il ne s'agit pas de verser dans le relativisme, de ne pas distinguer entre les personnes instruites, qui font l'effort de s'instruire, et celles qui ne le sont, et ne cherchent pas à l'être, mais d'admettre que l'Absolu n'est pas de ce monde, qu'aucun homme ici-bas ne peut s'en prétendre le confident ou le dépositaire. Il ne s'agit en aucune façon de ne pas croire à ce que l'on croit, non plus de renoncer à faire triompher ses vues, mais non par la force, en empruntant la voie de la conversation civique. Dans le domaine des affaires humaines, nous ne pouvons guère que « courtiser l'assentiment d'autrui » (Kant). Admirable plaidoyer qui fait écho à celui dû au premier penseur, et premier avocat, contre Platon, de la démocratie, Aristote : « Le régime [démocratique], écrivait le philosophe grec, est formé d'une multiplicité d'individus, et, tout comme un repas où les convives apportent leur écot est meilleur qu'un simple repas offert par une seule personne, le jugement rendu par un grand nombre sera souvent meilleur que celui rendu par un homme seul quel qu'il soit. » Magnifique métaphore que celle du repas. De fait, c'est un banquet bien triste que nous réservent ceux qui distinguent entre les convives légitimes et les illégitimes.

3. Il y a, semble-t-il, deux catégories de personnes… Alceste et Philinte

L'histoire, et c'est à Milan Kundera que nous devons cette si précieuse idée, met au jour des possibilités humaines et nous permet de les nommer. Elle opère à la manière du révélateur en photographie – ce produit chimique qui rend visible l'image latente. Ainsi, montre le romancier, du « mot de collaboration qui a conquis pendant la guerre contre le nazisme un sens nouveau : être volontairement au service d'un pouvoir immonde ». Cette disposition est de tous les temps, mais elle devient éclatante une fois le mot trouvé ; c'est alors que l'« on se rend compte que l'activité de l'homme » prend volontiers « le caractère d'une collaboration ». Vive lumière jetée sur le phénomène humain : « Notion fondamentale ! Comment l'humanité a-t-elle pu s'en passer jusqu'en 1944 ? »

De la même manière, les totalitarismes du XXe siècle ont révélé l'existence et la persistance de deux familles d'esprit qui s'incarnent déjà, mais de manière infiniment moins tragique, dans la polarité d'Alceste et de Philinte, ou aussi d'Alceste et de Célimène, ou encore de Célimène et d'Arsinoé.

Il y aura toujours, semble-t-il, deux catégories de personnes, et singulièrement deux catégories de Français. Une lignée en perpétuelle rébellion contre l'homme tel qu'il est, et qui se donne pour programme et mission de le réformer, de le « régénérer ». Cette lignée qu'on pourrait qualifier de platonicienne, encline à confondre politique et ingénierie sociale, a trouvé à s'incarner dans la Terreur – elle n'est pas éteinte. L'écologie et les différentes radicalités, en guerre contre la forme d'humanité que la France illustre, en sont les nouveaux avatars. L'esprit ne varie pas. Et les dieux ont toujours soif.

Et puis, à l'inverse, une lignée qu'on pourrait dire aristotélicienne, réconciliée avec l'humaine nature, regardant, non sans tendresse, cette chétive créature aux prises avec les vicissitudes de l'existence. Ceux-là comptent avec l'homme tel qu'il est, ses grandeurs et ses faiblesses, ses élans et ses petitesses, ses vices et ses vertus, son penchant au mal et sa disposition au bien. Montaigne, La Fontaine, Molière, Anatole France, Anouilh ont à cet égard, comme à bien d'autres au demeurant, un air de famille. Dans ses *Morales du grand siècle*, Paul Bénichou distingue entre trois sortes de morale : une morale héroïque, celle de Corneille, qui « ouvre un passage de la nature à la grandeur » ; une morale chrétienne, celle de Pascal, « rigoureuse qui donne au néant la nature humaine tout entière » ; enfin une morale mondaine, celle dont relèvent Molière, mais non moins les auteurs que j'ai cités « à la fois sans illusions et sans angoisse sur l'homme, qui nous refuse la grandeur sans nous ôter la confiance ». Ces deux lignées, ces deux traditions se partagent la France : l'une marque de son empreinte notre histoire politique ; l'autre, davantage nos mœurs, notre littérature et nos arts.

C'est en lisant *En marge du théâtre* d'Anouilh, un recueil de préfaces, d'articles au fil desquels se dessine une philosophe, une sagesse de la vie, que s'est imposée à moi cette conviction d'une polarité toujours renaissante entre ceux qui entendent réformer, amender, refaire l'homme, et les autres. Conviction emplie de mélancolie, car l'épreuve des totalitarismes et ceux qui ont su la méditer – Arendt, Camus, Orwell – auraient dû nous instruire de la menace que la prétention de faire advenir le Bien représentait. « Depuis la nuit préhistorique, l'homme a appliqué des petites formules empiriques plus ou moins heureuses pour résoudre les différents problèmes insolubles de sa condition. » Le séjour terrestre ne s'aménage pas à coups de grands programmes. Les hommes essaient, s'essaient, tâtonnent, trébuchent. Et, toutes les fois où cette sagesse nous abandonne, la terreur étend son ombre menaçante.

Deuxième partie

Et de l'homme lui-même quand donc sera-t-il question ?

« Et de l'homme lui-même quand donc sera-t-il question ? – Quelqu'un au monde élèvera-t-il la voix ? » demandait le poète Saint-John Perse. Les écologistes ? Assurément non. L'homme est le cadet de leur souci. Ou le premier, mais pour le flétrir et finalement le dissoudre. Et les choses tournent au véritable jeu de massacre.

« Toute politique implique (et généralement ignore qu'elle implique) une certaine idée de l'homme… » rappelait Paul Valéry. Quelle est l'idée de l'homme portée par l'écologie ; telle est la question qu'il me semble essentiel d'explorer. « L'homme de la nature ne masque-t-il pas la nature de l'homme ? Question à laquelle il nous faudra répondre », programmait Régis Debray dans *Le Siècle vert*. Sans l'épuiser, je m'y attellerai.

« La fin de l'exception humaine a le vent en poupe, observait Élisabeth de Fontenay dans une magnifique préface à la revue *Le Coq-Héron,* et il n'est pas du tout sûr qu'elle profite aux animaux[1] », non plus aux sols,

1. Préface accessible en ligne et dont je recommande la lecture, Élisabeth de Fontenay ne craignant pas de remettre à l'heure bien des pendules déréglées par les animalistes et leurs dociles alliés.

non plus à la prodigalité de la faune et de la flore. Le contraire est même à redouter.

Que demande la nature ? Non pas un homme qui divinise les arbres, qui communie avec les forces élémentaires de la nature, qui sacralise la terre sous la figure de Gaïa, mais un homme qui entend prendre soin d'elle, soucieux de préserver ce qui lui est confié. Ce n'est donc pas d'un homme qui efface la frontière qui le sépare de l'animal, mais d'un homme qui cultive des dispositions humaines, toutes humaines, de celles qui font sa noblesse.

I. Croisade contre l'homme

1. « Sous l'amour de la nature, la haine des hommes. » (Marcel Gauchet)

« Pour le dire brutalement, il y a bien de la haine des hommes dans ce soudain amour de la nature », diagnostiquait dès 1990 Marcel Gauchet[1]. Haine des hommes c'est-à-dire « hostilité au semblable ». Le philosophe inscrivait en effet l'émergence de l'écologie dans le contexte des années 1980 et de la « valorisation de principe des différences » et de « l'exigence de respect des différences ». Valorisation et exigence qui cristallisent, on l'a dit, dans la fondation de SOS Racisme, en 1984, mais aussi dans la création de la Gay Pride ou la célébration du bicentenaire de la Révolution française et de son symbole, le 14 Juillet, transformé

1. « Sous l'amour de la nature, la haine des hommes », article publié initialement dans la revue *Le Débat*, n° 60, mai-août 1990, repris dans *La Démocratie contre elle-même*, Gallimard, coll. « Tel », 2002, p. 204.

en ode au métissage. Gauchet interprète ces nouvelles « effusions écophiliques » comme l'expression superlative, en quelque sorte, de la dévotion à la figure de l'Autre : il ne s'agit plus seulement de sacrer et de consacrer l'Autre homme – le « pote » noir, « beur » ou l'homosexuel –, mais l'Autre de l'homme : non pas Dieu, le Tout Autre, comme le dit la théologie, mais la nature et les animaux.

C'est un des points qui m'a le plus frappée au cours de mes recherches : l'incrimination systématique de l'homme. « Tout est bien sortant des mains de l'auteur des choses, tout dégénère entre les mains de l'homme », écrivait Rousseau. Tel est en somme le refrain dont on nous tympanise à longueur de temps. Certes, on accuse d'abord l'homme moderne, l'homme de la révolution industrielle. Un mot a même été forgé à cet effet : « anthropocène ». Mais bientôt le propos se fait plus général et c'est l'homme et ses activités en tant que tels qui se retrouvent inculpés. Le sort, funeste, de la Terre aurait été scellé en quelque sorte avec la sédentarisation de l'humanité, au néolithique. On m'objectera que cette interprétation n'est portée que par les plus radicaux des écologistes. Nullement. Elle inspire les institutions les plus officielles qui la diffusent avec zèle et comme une sorte d'évidence. Je ne mentionnerai qu'un exemple, mais ils sont légion et j'invite le lecteur à y être attentif.

À l'été 2021, à Lyon, au musée des Confluences se tenait une exposition intitulée : « La Terre en héritage, du néolithique à nous ». Quel en était l'objet ? « L'observation des grands défis environnementaux contemporains à l'aune d'une période charnière de notre histoire, le néolithique, qui marqua le début de notre exploitation de la Nature et bouleversa notre relation aux autres êtres vivants », pouvait-on lire sur le site du musée. Autrement dit, ainsi que la presse dans son ensemble le résuma : « Le bouleversement qu'a constitué la sédentarisation des humains au néolithique et quelles cascades de conséquences ont abouti à notre monde contemporain de surconsommation, de ressources surexploitées et d'environnements ravagés. » Et la directrice de l'institution lyonnaise d'ajouter : « Cette exposition interroge le rapport des humains à la nature. » Sauf que d'interrogations, de questionnements, on ne trouve nulle part la trace. L'exposition n'interroge pas ; elle sait, elle assène : « Au néolithique, explique ainsi Hélène Lafont-Couturier, les humains se sédentarisent. C'est sans doute le début de l'homme moderne, et ce phénomène s'accompagne de l'invention de l'agriculture, de la construction d'habitats pérennes ou de la représentation du pouvoir. Ce faisant, les communautés humaines développent un rapport de supériorité à la nature dont nous constatons une accélération ces cent cinquante dernières années. » CQFD ! Et le magazine *Geo* de condenser parfaitement le propos : « L'expo [*sic*] pour comprendre comment l'homme exploite la planète depuis le néolithique ».

La caricature du retour à la chandelle est facile et elle est une dérobade ; nul ne rêve de revenir au temps des chandelles, mais les écologistes reçoivent la monnaie de leur pièce : à peindre l'homme et ses activités exclusivement en ennemis, ils récoltent ce qu'ils ont semé.

« Pourquoi nous faire horreur de notre être ? » demandait Voltaire à Pascal. Mais si Pascal abaissait l'homme, c'était pour mieux le relever en le rappelant à son origine divine ; rien de semblable pour nous : si nous flétrissons l'homme, c'est pour toujours davantage l'humilier et, à l'inverse, rehausser l'animal et la nature.

À suivre les penseurs et les militants de l'écologie, nous ne pourrions escompter assurer quelque avenir à la vie sur Terre qu'en noyant l'homme dans le grand bain du vivant ; autrement dit, en le rabaissant et à l'inverse, en sacralisant la nature. Curieux raisonnement. D'autant qu'il semble bien que la dégradation de l'une soit contemporaine de la mutilation de l'autre. Curieux raisonnement, et fatale erreur : « On ne tire pas l'homme vers le haut en le coupant de ses caractères propres », rappelait à juste titre Régis Debray dans *Le Siècle vert*. Or, c'est bien d'un homme tiré vers le haut, c'est-à-dire se souvenant de ce qu'il est voué à un plus noble destin que celui d'épuiser ce qui est confié à sa garde dont la terre, les bêtes, les fleurs ont besoin. Et non d'un être s'agenouillant devant elles ; en aucune façon non plus d'un homme rompant tout commerce avec elles.

2. *L'homme,* « zoè » *ou* « bios », *un vivant ou une vie ?*

Sans doute les écologistes ne vont-ils pas aussi loin que les antispécistes dans la chute de l'homme, mais toute pensée et toute défense de l'être humain en son humanité sont regardées avec suspicion. Une sorte de consensus s'est ainsi formé autour de l'idée que, si l'homme en est venu à dégrader et à dévaster la nature, ce serait, selon les penseurs de la crise écologique, qu'il s'est pensé et se pense distinct d'elle. « L'espèce court à sa perte si elle ne se connaît plus comme un morceau de nature, écrivait Bertrand de Jouvenel, en 1972. Il nous faut, sous peine de folie, et sans doute sous peine de mort, réintégrer l'homme à la nature. »

Je dois avouer que ce raisonnement ne me convainc guère. Nature il est, assurément, mais n'est-ce pas d'abord son humanité qui lui défend de tout oser ? N'est-ce pas sa création à l'image de Dieu pour les chrétiens qui retient sa main ? C'est parce qu'il est homme, et non simple vivant, qu'il doit « s'empêcher », comme dirait Albert Camus.

Comment *se connaître comme un morceau de nature*, comment *réintégrer l'homme dans la nature*, sans que cette connaissance ou cette réintégration ne signe sa dissolution ? C'est assurément la question la plus délicate, ou plutôt rendue délicate par sa captation idéologique qui ne nous laisse plus guère le choix qu'entre se fondre dans la nature ou la détruire, penser l'homme comme un « élément de la biodiversité », ainsi que le prêchent certains, ou hypothéquer l'avenir de la Terre.

L'écologie caresse le rêve d'infliger à l'humanité sa quatrième blessure narcissique : après Copernic et le décentrement de la Terre, après Darwin établissant la descendance de l'homme du règne animal et « réduisant à rien ses prétentions à une place privilégiée dans l'ordre de la création » ; après Freud, enseignant au « moi qu'il n'est pas le maître en sa propre demeure » et qu'il doit se contenter d'« informations rares et fragmentaires sur ce qui se passe dans sa vie psychique[1] », la crise écologique devrait conduire à la dissolution

1. Sigmund Freud, *Introduction à la psychanalyse*, IIe partie, ch. 18, Payot, coll. « Petite Bilbiothèque », 1975.

de l'humanité dans le grand bain du vivant. « Si nous mourons, cela ne dérangera personne, cela arrangera plutôt les animaux, les plantes et les bactéries qui nous ont précédés dans l'univers et qui subissent chaque jour plus durement l'empire de notre arrogance. L'un de nos grands “chantiers” philosophiques actuels est d'accepter que l'humain n'est supérieur à rien. L'accepter, c'est vivre une blessure narcissique très violente, du même ordre que celle qui nous a frappés lorsque nous avons dû accepter de voir que la Terre était ronde et tournait autour du Soleil », se délectait Coline Serreau dans *Solutions locales pour un désordre global.*

Nombreux sont ceux qui voudraient entendre sonner la fin de l'exception humaine. L'homme, selon eux, ne sera véritablement racheté du mal qu'il a fait à la terre et aux bêtes que lorsqu'il admettra qu'il est un vivant comme les autres. Et c'est ce à quoi s'emploient avec ardeur et ferveur les penseurs contemporains de l'écologie.

Nous voici « entrer dans le moment du vivant », salue le philosophe Frédéric Worms qui entend bien œuvrer à l'avènement d'une « vital-démocratie ». Signe des temps, et très mauvais signe – car indice que rares sont ceux qui veilleront sur la singularité de l'homme et formeront, cultiveront les dispositions, les facultés qui ne sont que de l'homme. Le concept de « vivant » devient le nouveau paradigme, congédiant « la nature », « le sauvage » et même « le non-humain » ; cette expression, qui s'était imposée pour qualifier les plantes, les animaux, les fleurs et réduire, voire combler la distance séparant l'homme de ce qui n'est pas lui, se révèle par trop marquée du sceau de l'anthropocentrisme. La vertu de la notion de vivant ?

« Devinez, comme dirait madame de Sévigné, je vous le donne en quatre ; je vous le donne en dix ; je vous le donne en cent » : être « inclusif ». « Avec le terme "vivant" on se sent appartenir à une même communauté, explique ainsi Laurent Tillon, biologiste et ingénieur forestier à l'Office national des forêts. Quand je visite Quercus [un chêne sessile âgé de deux cent quarante ans qu'il fréquente depuis son adolescence], décrit l'auteur de *Être un chêne*[1] [titre très en vogue, aux déclinaisons multiples : *Penser comme un arbre, comme un iceberg, comme une montagne*, etc.], je suis autant présent que n'importe quel autre vivant que je côtoie : mon arbre Quercus, le hêtre voisin, le pic dans l'arbre d'à côté, la mésange qui vient par curiosité, le chevreuil qui s'interroge de ma présence si tôt en forêt. » La niaiserie du propos désarme et, à notre tour, nous nous interrogeons : notre scientifique ne cède-t-il pas au péché d'anthropocentrisme, voire de narcissisme, en prêtant au chevreuil et à la mésange des dispositions toutes humaines ? Quant à Catherine Larrère, elle vante la capacité de cette notion à réenchanter notre monde : « On peut être en empathie avec le vivant, pas avec la nature, analyse la philosophe. Cette notion permet de mettre un peu d'animisme dans notre monde naturaliste ». Rendons toutefois justice à l'auteur de *Penser et agir avec la nature* : la philosophe ne manque pas de rappeler que l'« on ne change pas d'ontologie comme on change de chemise » et que l'« on ne légifère pas sur le langage ». Et Catherine Larrère d'observer, point absolument capital, que « le découpage humain/non-humain,

1. Laurent Tillon, *Être un chêne : sous l'écorce de Quercus*, Actes Sud, coll. « Mondes sauvages », 2021.

comme dans un autre sens, le terme de vivant, me semble laisser hors champ des choses importantes, aussi bien scientifiquement que dans nos rapports émotionnels avec les paysages ».

Bruno Latour, quant à lui, travaille à rapatrier l'humaine nature dans la grande famille des « terrestres », que l'homme habite au même titre que la bactérie. Or, l'homme n'est pas un vivant comme les autres, sans doute ne vit-il que grâce à l'air qu'il respire, à l'eau qu'il boit, au sol dans lequel il puise ses ressources, mais ce n'est là que la condition nécessaire de son existence ; la vraie vie pour l'homme commence après. Il y a le vivant (*zoè*) et il y a la vie humaine, proprement humaine (*bios*). La réduction du phénomène humain à un phénomène naturel est une mutilation.

Un vivant ne construit pas de civilisation. Un vivant ne fabrique pas ces objets « qui ne meurent pas sur les saisons » (Rimbaud) que sont les œuvres d'art et qui, ensemble, forment la patrie non mortelle des êtres mortels. L'homme n'est pas qu'un vivant qui passe. Il laisse des traces potentiellement immortelles de son passage – les cathédrales en sont d'admirables témoins, ces « grandes cathédrales [qui] constituent un ensemble unique au monde, où une société est allée jusqu'au bout de ses exigences », ainsi que l'écrit André Chastel dans son éblouissante *Introduction à l'histoire de l'art français* – ses exigences de bâtisseurs, et de bâtisseurs tournés vers une transcendance. Il est difficile de lui contester cette exception.

L'homme des écologistes est sans histoire, sans épaisseur temporelle, sans sédimentation historique ; créature naturelle aplatie, aplanie sur le présent, voyageur sans bagages. D'où leur défense d'une politique d'immigration de l'accueil inconditionné, ainsi qu'on l'a vu, et d'une société dite « inclusive ». Le citoyen à la EELV peut invoquer avec emphase notre responsabilité envers les générations futures, mais leur sens de l'histoire s'arrête là : ils ne se reconnaissent aucune implication dans l'héritage du passé. Or, la diffraction du temps en présent, passé et futur n'appartient qu'à l'homme, fait l'homme. La mémoire, l'entretien du souvenir, la fidélité sont de l'homme et de lui seul.

L'écologie nous fait glisser de la condition historique et géographique à la condition naturelle. Or, « qu'est-ce qu'un homme sans son histoire ? demandait Hannah Arendt avec *Rahel Varnhagen*, [...] un produit de la nature, rien de personnel. » Sans son histoire, sans l'histoire dans laquelle il entre en naissant.

Ironie de l'histoire : c'est avec les apôtres de Gaïa que la naturalisation de l'homme, qui a rendu Barrès si suspect, s'opère ; c'est avec eux, hantés cependant à l'idée d'être assimilés à quelque chantre de la terre, que l'homme tend à devenir une réalité proprement organique.

Toujours plus rares risquent de devenir ceux qui veillent sur la frontière qui sépare l'homme du reste des vivants. Le prestige du prénom Zoé, singulièrement dans les familles « éveillées » à l'écologie, me semble significatif de ce prestige de la vie.

3. Plaidoyer pour homo faber *: l'homme n'habite pas la terre seulement en poète*

Si nous devons refuser la représentation de l'homme comme malédiction pour la nature, ce n'est pas cependant pour verser dans la pastorale d'un homme qui habite la terre en poète, non plus pour soupirer après une société agraire ou prémoderne préservée du développement technique. Les hommes façonnent la nature, ils la transforment, ils l'aménagent de telle sorte qu'elle leur devienne amicale, hospitalière. « La vie n'est pas douce, mais elle peut être adoucie », disait Orwell. Domestiquer la nature, c'est transformer un espace brut en *domus* – en habitat, en foyer. L'homme est un bâtisseur. Nos civilisations sont son œuvre.

La civilisation n'est pas venue briser quelque harmonie préétablie entre l'homme et la nature. La sagesse de l'élevage et de l'agriculture traditionnels n'est pas de ne pas « commander » à la nature, mais de lui commander en lui obéissant, en se montrant attentif à ce qu'elle est, à son rythme.

Le premier caractère de la nature est d'être indifférente à notre destin et le premier souci de l'homme, des plus légitimes, est de s'en protéger. Cette étape passée, il cherche à embellir le séjour terrestre, à l'agrémenter. Il faut lire à cet égard l'extraordinaire enquête conduite par Alain Corbin, *Le Territoire du vide. L'Occident et le désir du rivage. 1750-1840.*

L'homme n'habite pas la Terre seulement en poète, mais entre le poète ou le peintre et le M. de Rénal de Stendhal – figure par excellence de l'homme moderne qui n'admet le platane que pour autant qu'il puisse justifier de sa présence comme fournisseur d'ombre, ou, mieux, comme le noyer, qu'il rapporte du revenu[1] – il y a un troisième terme.

Ce qui aura épuisé, détruit la nature, les sols, transformé les bêtes en machines à produire de la viande,

1. « J'aime l'ombre, je fais tailler mes arbres pour donner de l'ombre, et je ne conçois pas qu'un arbre soit fait pour autre chose, quand toutefois, comme l'utile noyer, il ne rapporte pas de revenu. Voilà le grand mot qui décide de tout à Verrières : RAPPORTER DU REVENU. » Stendhal, *Le Rouge et le Noir* (I, II).

ce n'est pas *homo faber*... Les choses ont mal tourné à partir du moment où *homo faber*, qui a le souci de la durée, de la préservation, le goût de la belle ouvrage, s'est vu destitué par l'*animal laborans* qui, lui, réclame, incontinent, des produits toujours frais, toujours nouveaux... *Homo faber* est, était notre meilleur allié contre l'avènement de la société liquide ; cette société où rien, jamais, ne doit se fixer, se figer, se transformer en usages, en habitudes.

Hannah Arendt le dit très bien : c'est mal poser la question des technologies modernes que de se demander si les innovations technologiques rendent la vie plus facile, le travail moins pénible ; non plus de savoir si nous en restons les maîtres ou en devenons les esclaves. La seule question qui vaille est d'observer si ces nouvelles technologies contribuent à l'édification d'un monde, d'une civilisation ou, au contraire, à sa disparition. La thèse d'Arendt, qui se révèle d'une extraordinaire fécondité, est que l'esprit d'une époque, sa tonalité dominante est comme condensée dans la manière dont elle hiérarchise les trois registres d'activité que sont le travail, asservi à la vie et à sa temporalité – tout passe, rien ne dure –, la fabrication d'objets et d'œuvres et non de produits de consommation, et la politique – laquelle est en souci de la continuité historique de la civilisation dont nous sommes les sociétaires et citoyens. Les Anciens, singulièrement les Grecs, plaçaient au sommet de l'échelle, la politique, et donc la question des fins, le travail occupant le dernier échelon et, entre les deux, se trouve la fabrication. Avec la Renaissance et la modernité, *homo faber* gagne du prestige ; il est l'homme de l'ingéniosité, des trouvailles, des outils, du télescope qui conditionnent la révolution copernicienne, de tous ces instruments capables de décupler la puissance humaine : le XXe siècle fut le siècle de l'*animal laborans*, du consommateur, des droits de l'individu, de son « épanouissement », de la levée de tous les obstacles à sa marche en avant ; bref, de la vie en nous qui entend suivre son cours, quoi qu'il advienne ; rentabilié, efficacité, croissance ont régné en maître exclusif, sans contrepoids. La politique a abdiqué, se faisant la docile servante de l'économie. Flexibilité et fluidité sont devenues la règle, hypothéquant toute forme de continuité et de stabilité. La chose semble abstraite ? Elle ne l'est en rien. L'avènement de la société de consommation, de l'économie de gaspillage, l'obsolescence programmée des objets, ces phénomènes s'éclairent de l'extension, de l'hypertrophie, de la logique de la vie et de l'ensemble des sphères de l'existence. Arendt se révèle en effet un penseur extrêmement pénétrant et précoce de la « modernité liquide » conceptualisée depuis lors par Zygmunt Bauman. C'est l'extension de la logique et de la temporalité de la vie et de l'économie – tout passe, rien ne doit durer – à l'ensemble de ce qui est, qui fut fatale à la nature. C'est le moment où l'homme ne s'est plus guère pensé que comme *homo œconomicus*, lorsque l'individu et ses désirs ont été érigés en mesure de toute chose. La civilisation est là pour former, aiguillonner la part la plus noble de l'individu. Or, le monde moderne, hypermoderne, l'a au contraire flatté dans ses dispositions les moins glorieuses. Et la nature en paye le prix le plus élevé. Prendre acte de la crise écologique, ce serait donc rompre avec cette préséance non pas de l'homme – lequel recèle le goût du nouveau assurément, mais non moins le besoin de continuité, de stabilité –, mais de l'individu, conçu comme créature autosuffisante. « Naître, c'est être en dette », écrivait magnifiquement l'anthropologue Marcel Hénaff dans *Le Prix de la vérité* – en dette à l'endroit de la nature *et* de la culture. C'est l'anthropologie progressiste, libérale, et pas seulement l'ultralibéralisme économique qu'il faut remettre en question si l'on veut assurer quelque avenir à la vie sur Terre. La nature ne souffre pas de l'homme bâtisseur, elle souffre du *start-upper* ; de celui qui confond civilisation, patrie et *start-up nation*.

Plutôt que de travailler à abaisser l'homme, nous gagnerions infiniment à le relever, à le rappeler à l'être de responsabilité qu'il est : « L'homme, cet être flexible, se pliant dans la société aux pensées et aux impressions des autres est également capable de connaître sa propre nature, lorsqu'on la lui montre, et d'en perdre jusqu'au sentiment, lorsqu'on la lui dérobe. » Là est notre tâche. J'y reviendrai dans la dernière partie, lorsque je poserai la question d'une écologie conservatrice.

Le cœur de l'écologie doit bien demeurer l'homme *et* la nature, et non l'homme *dans* la nature. L'écologie doit renouer avec sa signification originelle : elle doit se placer à la *jointure* de l'homme et de la nature, se pencher sur la manière dont il habite, aménage son séjour terrestre, s'accorde, s'articule avec l'ensemble des vivants. L'objet de l'écologie est l'habitat, l'*oikos*, non le vivant, non l'animal.

II. Se désoccidentaliser

1. Sous l'amour de la nature, la haine de l'homme... occidental

Depuis 1990, et l'article célèbre de Marcel Gauchet, les points ont été mis sur les « i ». Les choses sont allées se précisant, se radicalisant aussi : sous l'amour de la nature éclate la haine de l'homme *occidental*. Le « rêve édénique d'une nature délivrée du fléau des hommes », pour reprendre les mots de Gauchet, s'est mué en une furieuse croisade contre le fléau que serait l'homme de nos contrées.

Où que vous tourniez les yeux ou tendiez l'oreille, le concert est à l'unisson. « Il s'agit d'abord de se désoccidentaliser pour amorcer et accompagner les transformations de nos modes de vie » : telle était la conclusion à laquelle parvenaient Serge Latouche et Pierre Jouventin dans une tribune parue dans *Le Monde*, « L'homme peut-il se reconvertir de prédateur en jardinier ? » (20 juillet 2019). Or, rien dans leur argumentaire ne conduisait à un pareil épilogue. Latouche et Jouventin mettaient en question le modèle de développement adopté par l'Occident à partir de la seconde moitié du XIXe siècle avec la révolution industrielle, et reconnaissaient même que celui-ci était venu briser un équilibre longtemps maintenu entre les activités humaines et la nature.

Comment ne pas soupçonner que la confusion soit entretenue à dessein ? Comme si la vérité de l'Occident était dans la destruction, la prédation, la réduction du monde à un simple objet d'exploration. La raison technocratique n'est pas la raison de Platon, d'Aristote, de

Voltaire – dont Barthes disait qu'il avait fait du combat en sa faveur, une fête.

Et s'il est essentiel de distinguer entre l'Occident et la modernité occidentale – et même, on le verra, au sein de cette modernité, car il n'y a pas *une* modernité occidentale, mais bien deux –, c'est que l'Occident recèle ses propres anticorps.

Les écologistes parlant désormais volontiers, on l'a vu, la langue des indigénistes, la notion de « suprémacisme » a fait son apparition dans leurs discours : la nature serait victime du « suprémacisme humain », comme les Noirs le seraient du « suprémacisme blanc ». Mais très vite le masque tombe, bon nombre d'associations militantes, telle Greenpeace, ne s'encombrent pas de ces circonvolutions et dénoncent sans détour le « suprémacisme blanc » qui serait « intrinsèquement lié à la destruction de l'environnement ».

Cette blessure narcissique que d'aucuns rêvent d'infliger à l'homme, c'est à l'homme occidental et à lui seul, parce que lui seul *se pense* comme distinct. L'antispécisme – ce mouvement qui a théorisé la négation de la *spécificité* humaine et poursuit l'extinction de l'espèce humaine, ainsi que l'a analysé Paul Sugy[1] – est essentiellement et exclusivement un anti-occidentalisme, car l'Occident est la seule civilisation à avoir été travaillée, inquiétée par la question de la spécificité de l'homme.

Il serait entendu que le mal que l'homme *occidental* a fait à la nature, aux bêtes, viendrait de ce qu'il s'est conçu et se conçoit comme distinct. Faux et inique procès : loin de lui laisser les coudées franches, la pensée

1. Paul Sugy, *L'Extinction de l'homme : le projet fou des antispécistes*, Taillandier, 2021.

de la spécificité humaine, de son exception, institue l'homme en être de responsabilité. Qu'il ne se montre pas toujours à la hauteur de son exceptionnalité est une chose, l'en déposséder en est une autre.

L'écologiste se plaît en combattant et, comme tout combattant, il lui faut quelques bannières sous lesquelles assembler les troupes, quelques chiffons rouges à agiter. Ainsi du « christianisme », de « Descartes », de « la nature et la culture », ces mots vont « vite, ce qui plaît dans la mêlée », comme le disait Hugo des mots dont tout militantisme se saisit et sous l'enseigne desquels il mène sa lutte. Sauf qu'ils assiègent la vie de l'esprit.

Notre architecture conceptuelle serait à l'origine du mal que nous avons fait à la nature. Philippe Descola, Bruno Latour, chacun fredonne la ritournelle, convenue et lassante, d'un Occident qui aurait voulu « réduire » le monde – le mot est de Latour – à de grandes oppositions : l'homme et la nature ; l'artifice et le vivant ; le rationnel et l'irrationnel ; l'individu et le collectif. Le dérèglement écologique viendrait rendre éclatante l'inanité de ce que l'auteur de *Nous n'avons jamais été modernes* appelle le « Grand Partage » et vérifierait que l'homme n'est pas séparé de la nature, mais « immergé » en elle.

Quant à Philippe Descola, qu'est-ce, pour l'ethnologue, que « la société des hommes », occidentaux, est-il besoin de préciser ? « Un club de producteurs de normes, de signes et de richesses où les non-humains ne sont admis qu'au titre d'accessoires pittoresques pour décorer le grand théâtre dont les détenteurs du langage monopolisent la scène. » Et le professeur au Collège de France de rendre hommage, dans sa *Leçon inaugurale* du 29 mars 2001, à « ces sociétés dites primitives qui n'hésitent pas à inviter dans le concert de leur vie sociale les plus modestes plantes, les plus insignifiants des animaux ». Et Descola, passé maître dans l'usage de la langue indigéniste, de nous exhorter à « décoloniser les concepts au moyen desquels nous pensons des formes de vie sociale ou de vie en général différentes des nôtres » ou à « désoccidentaliser notre manière de voir ».

Il y a lieu d'être préoccupé, car Bruno Latour et Philippe Descola font école. De l'un et de l'autre procède toute une génération de dits spécialistes et chercheurs rendus parfaitement inaccessibles à la noblesse et aux vertus de l'Occident et résolus à brouiller, à effacer la frontière qui sépare l'humain du « non-humain » ou, comme ils aiment mieux désormais, nous l'avons vu, du « vivant ».

Le rapport occidental à la nature n'est assurément pas celui des peuples animistes, totémistes, analogiques pour reprendre les catégories établies par Descola, mais il n'est pas sans vertu. Et ce sont ces vertus qu'il nous faut donner à connaître et à aimer.

Contre la modernité occidentale, on ne joue pas d'autres civilisations, on joue l'Occident.

Les écologistes et singulièrement leurs penseurs se refusent à voir quoi que ce soit de précieux dans la forme d'humanité que nous incarnons, et prennent prétexte de l'inquiétude écologique pour alourdir le dossier de notre culpabilité devant l'éternel. Or, les ressources contre les dévastations induites par la logique productiviste et le règne de l'individu délié, autrement dit par la coalition de l'ultralibéralisme économique et du libéralisme sociétal, se trouvent dans nos civilisations. Longtemps, nous avons cultivé une idée plus noble de l'homme que celle d'*homo œconomicus* et du sujet de droits.

La forme de vie occidentale s'offre comme une voie médiane et qui n'a pas toujours démérité – témoins nos civilisations qui ne se sont pas construites exclusivement contre le donné naturel, contre les bêtes, mais *avec* elles, et singulièrement en France, civilisation rurale par excellence.

La dégradation de la nature, son épuisement, n'est pas la vérité de l'Occident, mais l'indice d'une déchirure dans son histoire, la déchirure d'« un pacte millénaire qu'il avait conclu avec la Terre » (Bertrand de Jouvenel). La révolution industrielle est venue interrompre le long commerce d'« amitié » que l'homme, depuis la révolution néolithique, « avait appris à nouer avec son environnement, avec les eaux, les bois, les plantes, les bêtes, domestiques ou sauvages », écrit l'auteur d'*Arcadie*.

L'inquiétude écologique ne doit en aucune façon servir de prétexte à l'ignorance, à l'aveuglement. La civilisation occidentale est une grande et noble chose, les facultés que nous avons postulées, formées, cultivées, la passion d'interroger, l'étonnement, le questionnement, l'attention doivent être plus que jamais aiguillonnés.

Que l'orgueil soit, comme l'écrivait l'auteur des *Essais*, « notre maladie naturelle et originelle », que la vanité humaine ait besoin de garde-fous, la sagesse antique et, à sa suite, Molière, Pascal, La Fontaine, Anouilh le savaient et leurs œuvres sont là pour nous rappeler à nos faiblesses, à nos misères, à nos ridicules, à nos vices. Mais ce n'est pas de cela qu'il s'agit ici, dans ce grand procès intenté à l'humanité occidentale, mais bien d'une délectation à flétrir notre civilisation.

Il entre par trop de délectation dans cet énième procès intenté à l'Occident pour que nous n'y soupçonnions pas d'autre enjeu que le sauvetage de la vie sur Terre, le souci de la prodigalité des espèces ou le traitement réservé aux bêtes.

Il ne s'agit en aucune façon d'exonérer la modernité occidentale de ses responsabilités dans l'avènement d'un modèle de société fondé sur l'arraisonnement du donné naturel, mais je demande que : 1) nous procédions à cet examen de conscience à la manière de Marc Bloch, c'est-à-dire que, si nous sommes contraints à parler de l'Occident, de « ne pas en parler qu'en bien », et de ne pas nous y abandonner de « gaieté de cœur » ; 2) l'on s'y emploie avec discernement et nuances.

Balzac parlait de ces grandes choses que l'on pousse dehors avec d'autant plus de légèreté qu'on ne les comprend plus. L'Occident est de ces grandes choses sur lesquelles on jette, depuis des décennies, pelletées de terre sur pelletées de terre, le cœur léger. Comme si nous n'avions plus d'yeux pour sa grandeur. Le confort intellectuel et moral demande de plaider coupable, d'avancer la corde au cou, genou à terre – nouvelle posture morale et seule désormais autorisée à l'homme occidental voué au mutisme. La civilisation occidentale est une noble chose, nous ne devons pas assister passivement à son exécution ; elle recèle des trésors qui nous sont des ressources, pour nous autres hommes du XXIe siècle.

« Se désoccidentaliser », ce serait renoncer à la noble idée que l'Occident s'était formé de l'homme et dont ses réalisations sont les impérieux témoins. Les limites de ce livre, et même d'un livre, ne suffisant pas à en faire la démonstration, je déposerai cependant quelques semences, quelques *fermenta cognitionis* qui ne demanderont qu'à éclore. Hardiesse pour laquelle j'en appelle à l'indulgence du lecteur. Pour ma défense, j'invoquerai Montesquieu : « Il ne faut pas toujours tellement épuiser un sujet, qu'on ne laisse rien à faire au lecteur. Il ne s'agit pas de faire lire, mais de faire penser. » Et d'inspirer le désir ardent d'aller voir de ses propres yeux, de s'extraire de ces intrigues simplissimes.

« Je voudrais citer encore, citer beaucoup, mais vous lirez le livre, n'est-ce pas ? » Comme Gide, je n'ai d'autre dessein : aiguiser la curiosité et conduire aux ouvrages et aux auteurs incriminés.

2. *Ce que l'on sait de l'Occident quand on ne sait rien*

La formule semblera brutale, mais la brutalité est à proportion de l'impatience, de la mélancolie aussi, que m'inspirent ces poncifs anti-occidentaux répétés *ad nauseam* et non sans morgue. « Des hommes, écrivait Rémy de Gourmont, peuvent parler une journée entière, et toute leur vie, sans proférer une phrase qui n'ait pas été dite. On a écrit des tomes compacts où pas une ligne ne se lit pour la première fois. » Remarque vertigineuse et que nous gagnerions à méditer. Notre époque est habile : elle dissimule sa paresse sous l'indignation vertueuse ; elle se débarrasse des grandes œuvres et des grandes pensées en les réduisant à quelques formules et en les rendant complices des maux les plus funestes. Habile, mais desséchante et susceptible de priver nos contemporains, et notamment les jeunes générations, de trésors foudroyants d'intelligence et de sensibilité.

Ma colère vient aussi de ce que, pendant que l'on instruit le procès du christianisme, de Descartes, de l'architecture conceptuelle de l'Occident, on se dispense de faire quelque retour sur soi ; d'interroger et d'inquiéter le primat de l'individu et de ses désirs érigés en droits portés par le progressisme, autrement compromis cependant dans l'appréhension du donné de l'existence comme matière à la disposition des vivants.

Fasse que l'on mette autant d'ardeur à « déconstruire » la sacralisation de l'homme comme sujet exclusif de droits qu'à « déconstruire notre rapport à la nature » qui vaut à Philippe Descola d'être vénéré par les journalistes et les apprentis « éveillés ». La philosophie de la déliaison, l'idée que l'individu est d'autant plus libre, original, créateur qu'il n'est lié à rien, ou que les seuls liens légitimes sont ceux qu'il contracte volontairement, ceux auxquels il aura donné son *consentement*, et qui peuvent donc être révoqués à loisir, est autrement efficace dans l'arraisonnement du monde que le dualisme de la nature et de la culture.

La rhétorique des droits de l'homme nous a égarés. Ce sont les liens qui attachent l'homme à ce qui n'est pas lui qui font la grandeur et la saveur de l'existence. Tout le malheur des hommes, dit en substance Simone Weil, vient de ce qu'ils vivent comme en lévitation sur la terre – malheur des hommes et, nous le savons désormais, de la nature. Mais il est plus confortable de s'acharner contre le malheureux Descartes, qui n'en peut mais, contre le christianisme ou la pensée occidentale que contre le progressisme dont nous continuons de vivre. Mais venons-en au réquisitoire.

Le christianisme en procès ?
Une lecture bien hâtive

Ce que l'on sait quand on ne sait rien ? Les mots de la Genèse que l'on ânonnera sans avoir jamais ouvert la Bible, ou sans avoir mené plus avant sa lecture, et surtout sans s'être efforcé un instant d'en dépasser la lettre pour l'esprit : après avoir créé l'homme et la femme, Dieu les bénit et leur dit : « Soyez féconds, multipliez, emplissez la terre et soumettez-la ; dominez sur les poissons de la mer, les oiseaux du ciel et tous les animaux qui rampent sur la terre. » Puis Dieu dit : « Je vous donne toutes les herbes portant semence, qui sont sur toute la surface de la terre, et tous les arbres qui ont des fruits portant semence : ce sera votre nourriture. » Vient la Chute, puis le Déluge ; Dieu sauve cependant Noé et les siens et leur dit : « Soyez féconds, multipliez, emplissez la terre. Soyez la crainte et l'effroi de tous les animaux de la terre et de tous les oiseaux du ciel, comme de tout ce dont la terre fourmille et de tous les poissons de la mer : ils sont livrés entre vos mains. Tout ce qui se meut et possède la vie vous servira de nourriture, je vous donne tout cela au même titre que la verdure des plantes. »

Le procès dont le christianisme est l'inusable prévenu est inauguré en 1967 par l'historien américain des sciences et des techniques Lynn White. Dans un article issu d'une conférence portant sur « Les racines historiques de notre crise écologique », l'universitaire impute à la religion chrétienne la responsabilité de la crise écologique : « Spécialement dans sa forme occidentale, le christianisme est la religion la plus anthropologique que le monde ait connue. » Depuis quarante ans, ce texte sert de bréviaire aux écologistes qui, comme leur maître qui l'érigeait volontiers en saint patron de l'écologie, sauveront éventuellement saint François d'Assise.

La mise en procès du christianisme est d'autant moins pertinente que c'est dans un monde puissamment déchristianisé que s'inaugure la réduction de la nature à un objet d'exploration technique et scientifique ; dans des sociétés, autrement dit, où la religion n'est plus suffisamment vivace pour empêcher de tout concevoir et défendre de tout oser. Non que je pense, je tiens à prévenir ce malentendu, qu'un monde sécularisé nous voue fatalement à prononcer le requiem de la nature. On le verra dans la dernière partie, lorsqu'il s'agira d'envisager d'autres modalités de l'écologie que celles qui prévalent aujourd'hui.

Élisabeth de Fontenay elle-même, que l'on connaît cependant moins convenue, accuse : « La part de responsabilité des monothéismes dans les souffrances animales est très lourde. Le judaïsme et le christianisme ont octroyé aux hommes le pouvoir de nommer et de dominer les animaux, bien que le judaïsme ait mieux pris en considération les animaux que le christianisme[1]. » Cependant, et pourvu que l'on prolonge d'une ligne la lecture, on saura que Dieu établit son alliance avec Noé et ses fils ainsi qu'avec leur descendance, mais non moins « avec tous les êtres animés qui sont avec vous : oiseaux, bestiaux, toutes bêtes sauvages, avec vous, tout ce qui est sorti de l'arche, tous les animaux de la terre », et l'on sait avec quelle délectation les peintres ont donné forme et visage à

1. Boris Cyrulnik, Élisabeth de Fontenay et Peter Singer. *Les Animaux aussi ont des droits*, Le Seuil, 2013.

cette prodigalité de la nature, regardée comme don de Dieu.

Assurément, parce que l'homme a été créé à l'image de Dieu, Dieu ne demandera de compte que du sang versé de l'homme par l'autre homme ou par les animaux. Toutefois, le Créateur confie aux hommes le monde dont il est l'architecte ; Il les institue dépositaires, gardiens de la Création et non propriétaires. Les hommes ont le devoir de conserver le monde en sa beauté et de l'accroître. L'homme ne doit rien faire qui le dégrade. Que ce soit à la Renaissance au travers de la notion de *dignitas hominis* ou au XVIIe siècle sous l'influence du stoïcisme en faveur sous Louis XIII, l'homme se voit rappelé à son devoir de tenir publiquement sa vocation d'« image de Dieu ».

Le christianisme est une philosophie de la finitude : l'homme est Créature, donc dans la dépendance d'un Créateur et tout ne lui est permis. Mais le christianisme est aussi une philosophie de la liberté : le Bien et le Mal étant mêlés en lui, libre, il peut mal user de cette liberté et trahir son origine divine et sa vocation. En portant atteinte à la nature, il trahit ce qu'il se doit à lui-même et à son Créateur.

Et l'on observera avec Hannah Arendt que si Péguy, si Bernanos renouèrent avec le christianisme ou si Chesterton s'y convertit, c'est que, « par l'accent mis par la doctrine chrétienne sur la condition restreinte de l'homme », ils y trouvèrent « une philosophie suffisante pour donner à ses adeptes une perception aiguë de l'inhumanité inhérente à toutes les tentatives modernes – psychologiques, techniques, biologiques – de changer l'homme en un superman monstrueux ». Et à Marx qui accuse la religion d'être un opium pour le peuple, Arendt objecte qu'« il y a bien peu d'apparence que la doctrine chrétienne, qui met inlassablement l'accent sur l'individu et sur le rôle qui est le sien dans le salut de l'âme, qui souligne la nature pécheresse de l'homme et dresse, de manière corrélative, un catalogue des péchés plus étendu que dans toute autre religion, puisse jamais avoir une action aussi lénifiante que l'opium ».

On rappellera que c'est dans un Occident pleinement chrétien que les plus beaux et profonds hymnes picturaux, musicaux à la nature se sont fait entendre. La Beauté est la marque du Créateur sur sa Création. Comme chez Platon, la jouissance de la beauté sensible est la première étape sur le chemin qui conduit à Dieu. Interrogé sur *La Terre ou le Paradis terrestre* de Jan Brueghel l'Ancien, et l'apparente relégation d'Adam et Ève dans un lointain arrière-plan au profit de la prodigalité de la faune et de la flore, le conservateur au département des peintures flamandes et hollandaises du musée du Louvre où l'œuvre est exposée, récuse l'idée que le peintre manifesterait par là quelque distance avec le christianisme : « Certains ont pensé que, dans ce tableau, le sujet religieux était devenu un prétexte, rejeté en arrière-plan, pour faire valoir un beau paysage naïf. Il s'agit, au contraire, de part en part d'un tableau chrétien. Brueghel n'a pas réservé le sujet religieux dans une petite "bulle" à l'arrière. Tout ce monde est chrétien », explique Blaise Ducos, parce que tout ce monde est création de Dieu.

Procès inique en cela également que les Évangiles – Simone Weil y consacre de belles et stimulantes pages dans *L'Enracinement* – sont truffés de paraboles inspirées de la vie des champs. La vigne, le blé, les brebis, la fonction sacrée du pain et du vin, la présence de l'homme au monde et dans un monde rural, sont au cœur de l'enseignement du Christ et de la liturgie catholique.

Descartes, le père d'un rapport prédateur à la nature ? C'est un peu court, jeunes gens !

Après le christianisme, à la barre des prévenus, est appelé à comparaître Descartes. Un Descartes qu'épuiseraient deux formules : l'homme, « maître et possesseur de la nature », ce que n'a jamais écrit le philosophe qui ne promet jamais à l'homme que de devenir « *comme* maître et possesseur de la nature » ; et la théorie de l'animal-machine, sacrifiant ici toujours sans la moindre vergogne, la nuance d'un animal « telle » une horloge.

Le réquisitoire est connu. Descartes aurait commis le péché de réduire l'ensemble du donné naturel à de la matière, de rejeter les animaux dans l'ordre des automates et de la mécanique, et d'instituer l'homme moderne en dominateur de ce monde inanimé. En somme, de Descartes à l'arraisonnement du Rhin ou à l'élevage industriel, la conséquence serait bonne.

Or, que dit Descartes ? Les notions générales qu'il a acquises touchant la physique lui « ont fait voir qu'il est possible de parvenir à des connaissances qui soient fort utiles à la vie » : « Connaissant la force et les actions du feu, de l'eau, de l'air, des astres, des cieux et de tous les autres corps qui nous environnent [...] nous pourrions nous employer en même façon à tous les usages auxquels ils sont propres, et ainsi nous rendre comme maîtres et possesseurs de la nature, ce qui n'est pas seulement à désirer pour une infinité d'artifices qui feraient qu'on jouirait sans aucune peine des fruits de la terre et de toutes les commodités qui s'y trouvent, mais principalement aussi pour la conservation de la santé. »

Fort de ce programme, qui a tout d'un programme électoral, selon le mot de Péguy, Descartes entend œuvrer à sa réalisation : « Je dirai seulement que j'ai résolu de n'employer le temps qui me reste à vivre à autre chose qu'à tâcher d'acquérir quelque connaissance de la nature, qui soit telle qu'on en puisse tirer des règles pour la médecine, plus assurées que celles qu'on a eues jusques à présent. »

Qu'on me permette un mot, sur la forme, mais ce n'est pas un détail, car c'est une des raisons pour lesquelles nous ne devons pas nous laisser abasourdir par les « éveillés » du climat et autres activistes de la cause écologique. Chacun, je l'espère, aura goûté au travers de ces quelques lignes, la saveur de l'écriture cartésienne. Car c'est cela d'abord que réserve la lecture de Descartes, le « charme d'une conversation », « l'urbanité du dialogue », l'« alliance prodigieuse de la pensée la plus élevée [...] d'un Platon et de la douceur d'un Socrate », selon l'analyse si fine, et tellement jubilatoire, qu'en propose Marc Fumaroli dans *La Diplomatie de l'esprit*. Et d'ailleurs, la fortune de la formule « se rendre maître et possesseur de la nature » n'est-elle pas un hommage de la postérité à son génie, à son « art laconique de la devise » – dont « Je pense donc je suis » est un autre exemple ? De la même façon que l'analogie de la bête et de l'horloge et ses ressorts fit mouche, comme on le voit chez La Fontaine qui toujours revient à cette image et s'emploie avec génie à les disqualifier – « traiter ce hibou de montre et de machine » ; « la bête est une machine et tout se fait sans choix et par ressorts », etc.

Sans doute Descartes témoigne-t-il d'une confiance extrême et assurément excessive dans les pouvoirs de la science et dans les techniques, mais cette confiance n'est pas en soi coupable. Au reste, ce qui s'est révélé ou vérifié mortifère dans le modèle de développement qui est le nôtre, est bien son caractère de finalité sans fin. Or, il n'est rien de tel chez Descartes. « On se pourrait exempter d'une infinité de maladies tant du corps que de l'esprit, et même aussi peut-être de l'affaiblissement de la vieillesse, si on avait assez de connaissance de leurs causes et de tous les remèdes dont la nature nous a pourvus. » Ainsi que l'observe Denis Kambouchner dans son précieux *Descartes n'a pas dit* : « Dans la formule : "nous rendre comme maîtres et possesseurs de la nature", c'est peu de dire que le comme ne soit pas de trop : il signale dans l'ouverture de tout un horizon, la nécessité structurelle d'une mesure à garder. »

Quant à la thèse de l'animal-machine, elle n'a pas attendu les consciences vertes du XXe siècle pour être contestée. Descartes n'a cessé d'être discuté, disputé par les hommes de son temps, et dans un style d'une autre vigueur et d'une autre hauteur que nos piteux écologistes et antispécistes. La querelle autour de l'âme des bêtes s'instaura dès le XVIIe siècle, et agita le salon de la très cartésienne madame de La Sablière, protectrice d'un La Fontaine résolu, en bon disciple de Montaigne, à soustraire son amie à cette funeste influence. Il faut lire son *Discours à Madame de La Sablière* où La Fontaine entreprend de répliquer à cette « philosophie nouvelle » qui dit « que la bête est une machine/Qu'en elle tout se fait sans choix et par ressorts », puis directement à Descartes en multipliant les exemples attestant que les animaux pensent : la ruse de la perdrix pour tromper le chasseur et sauver ses petits, les stratagèmes du vieux cerf – que de raisonnements pour conserver sa vie ! – ou encore les castors qui domestiquent les torrents et bâtissent des ponts. Et, magnifique codicille au discours, « Les Souris et le Chat-huant » : « Si ce n'est pas là raisonner,/La raison m'est chose inconnue. » Autre flèche implicitement décochée contre Descartes dans « Les obsèques de la Lionne » : « Je définis la cour un pays où les gens,/Tristes, gais, prêts à tout, à tout indifférents,/Sont ce qu'il plaît au Prince, ou s'ils ne peuvent l'être,/Tâchent au moins de le paraître,/Peuple caméléon, peuple singe du maître [...]/C'est bien là que les gens sont de simples ressorts. »

On ne saurait enfin confondre Descartes avec les cartésiens qui transformeront la théorie de l'animal-machine en doctrine. Descartes n'a rien d'un dogmatique – et c'est précisément pour soustraire la vie de l'esprit à la sclérose de la scolastique que ce « grand cavalier », ainsi que se le figurait à très juste titre Péguy, refait lui-même, en personne, le chemin. Il y a toujours chez Descartes – et ce trait est rendu éclatant dans sa correspondance – « quelque chose de modéré, de prudent, d'inquiet », ainsi que l'observait judicieusement Élisabeth de Fontenay dans *Le Silence des bêtes*. De cette inquiétude, de cette modération, de cette délicatesse et de ce tact aussi qui fait tant défaut à ses contempteurs, Descartes en donne un magnifique exemple dans une lettre du 23 novembre 1646 adressée au marquis de Newcastle. Après avoir réitéré sa thèse d'un animal qui semble agir exclusivement par instinct, et qui fait parfaitement ce qu'il fait, à la différence de l'homme, précisément parce que l'esprit n'y a pas sa part, Descartes de confesser :

« On peut seulement dire que, bien que les bêtes ne fassent aucune action qui nous assure qu'elles pensent, toutefois, à cause que les organes de leurs corps ne sont pas fort différents des nôtres, on peut conjecturer qu'il y a quelque pensée jointe à ces organes. » Leur prêter une âme, ce serait leur prêter l'immortalité ; or, songeant à l'huître notamment, Descartes ne peut franchir le pas.

Il ne s'agit toutefois pas de raboter les aspérités du christianisme ou du cartésianisme, non plus de nier qu'en posant l'homme comme *causa sui*, se donnant à lui-même son être dans la saisie réflexive du *cogito*, Descartes donne au monde moderne sa philosophie et son homme[1] ; mais le sujet cartésien a du panache, il s'apparente au héros cornélien, il s'avance en personne, se risque et répond de ses actes. Ce qui ne nous ressemble guère. Si je donne le sentiment de tordre le bâton dans un sens exactement inverse de celui auquel nous sommes accoutumés, c'est que je refuse que nous prenions prétexte du tourment écologique pour rétrécir ces immenses pensées à nos minuscules dimensions.

Pour ma part, lorsque je regarde du côté de l'Occident, je vois Descartes en effet, mais un Descartes irréductible à ces deux formules ; un Descartes, « grand cavalier français qui partit d'un si bon pas » et j'aimerais que nos procureurs aient aussi fière allure que l'auteur du *Discours de la méthode*.

Je vois donc aussi La Fontaine et le salon de madame de La Sablière, savoureux théâtre de la dispute animale.

1. Je me permets sur ces points de renvoyer à mon *Crépuscule des idoles progressistes*, Stock, coll. « Les essais », 2017.

Je vois, au siècle suivant, Buffon que nous ne lisons plus guère, mais qui connut une fortune et exerça une formidable influence sur des générations de lecteurs. Or, les animaux de Buffon sont bien loin d'être telles des horloges. Un exemple entre mille : celui du hérisson. Conçoit-on tableau plus attentif, plus empathique ? « J'ai voulu en élever quelques-uns, relate le naturaliste. On a mis plus d'une fois la mère et ses petits dans un tonneau avec une abondante provision ; mais au lieu de les allaiter, elle les a dévorés les uns après les autres. Ce n'était pas par le besoin de nourriture, car elle mangeait de la viande, du pain, du son, des fruits. » De quoi pouvait-elle donc souffrir ? D'être en captivité, comprend Buffon : qui eût « imaginé qu'un animal aussi lent, aussi paresseux, auquel il ne manquait rien que la liberté, fût de si mauvaise humeur et si fâché d'être en prison » ?

Humanité prométhéenne que l'humanité de la modernité occidentale, sans doute, mais portée, soulevée par la passion de connaître, de comprendre, de féconder la nature, de lui permettre de donner le meilleur d'elle-même, et pas seulement de faire rendre gorge à la terre, aux animaux afin de « maximiser » ses intérêts : qu'on lise l'extraordinaire chapitre qu'Alphonse Dupront consacre à ce personnage exemplaire qu'est Lavoisier dans son *Qu'est-ce que les Lumières ?*

Pareillement du côté de la peinture, Poussin, contemporain de Descartes et que l'on a qualifié de peintre cartésien pour sa rigueur géométrique, n'en demeure pas moins un inlassable explorateur de l'humaine condition dans sa dimension incarnée. Que l'on considère sa série des *Saisons* au musée du Louvre : hymne à une civilisation rurale, un chef-d'œuvre d'attention et de vérité, qui continue les enluminures des *Très Riches heures du duc de Berry*.

La culture versus *la nature, voilà le mal.*
Est-ce si certain ?

Ce que l'on sait enfin quand on ne sait rien ? Que l'homme occidental vit de la distinction entre nature et culture. Distinction et non pas, fatalement, dualisme, mais peut-être et d'abord articulation. La culture met en forme la nature.

Je tenterai de me faire l'avocat de cette frontière que nous avons tracée entre la nature et la culture et qui nous aurait conduits à ne regarder la nature que comme le décor de nos vies que d'aucuns considèrent comme minuscule. Cette distinction est assurément un des socles de notre civilisation, et singulièrement de la civilisation française, et l'on ne saurait dire qu'elle tourne fatalement à la destruction : la musique de Rameau, les jardins à la française, Versailles ou Chantilly sont ses fruits. La culture ne détruit pas la nature, elle la met en forme, elle la féconde, elle l'accomplit.

S'il s'agit de me faire dire que la nature brute, sauvage, n'est pas notre genre, assurément. Précisons, mais chacun en aura fait l'expérience, en se promenant à Chantilly par exemple, que cela ne signifie pas la froideur, l'aridité, la sécheresse des sens et du cœur. Si la patrie de Descartes, de Poussin, et de Le Nôtre a taillé ses jardins au cordeau, ce n'est pas contre la sensibilité, mais au nom d'une émotion et d'un plaisir raffinés, subtils, délicats. La France – c'est un point relevé avec sagacité par Nietzsche – se distingue par sa passion des formes : nous ne trouvons aucun charme, aucune saveur, aucun plaisir à l'immédiat, au spontané, au « laisser-aller ». Arlequin répondrait bien sans délai,

« goulument » à l'appel d'Éros, mais Silvia est là pour le rappeler aux tours et détours que le désir se doit d'emprunter pour gagner à ses faveurs la dame. C'est d'abord cela, la culture qui dompte la nature.

De fait, dans l'esprit de l'Occident, et ce, dès Platon que nous ne nous sommes pas choisi fortuitement comme ancêtre, la première nature qu'il convient de dompter, ce sont les pulsions, les appétits, la spontanéité, et c'est peut-être pour leur avoir lâché la bride au nom d'une pédagogie de la liberté et de l'innocence originelle que nous assistons à un ensauvagement de nos sociétés. Notre devise est, était celle du prince de Condé : « Ne pas trop donner à la nature. » Or, c'est aussi pour avoir érigé nos appétits et nos désirs en mesure de toute chose que nous avons dévasté la nature. Mais Platon, pas plus que les penseurs qui l'ont suivi n'ont prétendu se priver de l'énergie, de la dynamique du *thumos* inscrite au cœur de l'être ; restait à favoriser l'alliance heureuse avec la raison plutôt qu'avec les appétits. Et rappelons la belle morale de La Fontaine à l'attention de tous ceux qui entendraient « corriger partout la nature », élaguant, ébranchant, émondant à tout-va : « Contre de telles gens, quant à moi je réclame./Ils ôtent à nos cœurs le principal ressort :/Ils font cesser de vivre avant que l'on soit mort. »

3. Le propre de l'homme : une exaltante enquête occidentale

Avec l'homme, quoi qu'en dise notre époque, un saut qualitatif s'est accompli. Or, c'est cette énigme que la pensée occidentale dès son origine a cherché à percer. Et ce, d'autant plus qu'elle entrevoyait que l'homme était capable de grandes choses, mais pouvait non moins en accomplir de basses, de viles. Double postulation en l'homme, l'une vers Dieu, l'autre vers le diable, ainsi que nous peint Baudelaire. L'ange et la bête...

Or, c'est de cette question que les antispécistes nous font grief. Les antispécistes ? Assurément, mais pas seulement, on l'a vu, et c'est ce qui rend la chose fort préoccupante. Le refrain se répand, assourdissant. L'idée selon laquelle le mal que l'homme aurait fait à la nature, le traitement que l'élevage industriel réserverait aux bêtes, aurait sa source dans une pensée de l'humanité comme l'humanité, est en passe de devenir la chose la mieux partagée – relayée, diffusée, assénée par tous ceux qui se prétendent attentifs au destin de la Terre. On ne doit pas laisser cette mise en accusation sans réponse.

« Serait-il possible, demandait Aristote dans l'*Éthique à Nicomaque*, qu'un charpentier ou un cordonnier aient une fonction et une activité à exercer, mais que l'homme (en tant que tel) n'en ait aucune et que la nature l'ait dispensé de toute œuvre à accomplir ? » À cette question, l'Occident, dans la droite ligne d'Aristote, mais aussi de Platon, a répondu : l'homme est doué de *logos*, c'est-à-dire de langage et de raison mêlés ; il possède donc en propre la faculté d'interroger, d'enquêter, de « quêter la vérité », comme dira Montaigne, de s'enquérir du bien, du juste, du beau.

Aristote inscrit bien l'homme dans la chaîne des vivants, mais enregistre un saut qualitatif : il a en partage avec le végétal, la vie et la nécessité de se nourrir pour se maintenir en vie ; avec l'animal, vivant doué de sensibilité et doué de *phonè*, qu'on traduit par « voix », mais qui correspond à la capacité d'émettre des sons, la capacité de manifester des affects, d'éprouver et de signifier le plaisir, la douleur, la joie, la peine – cri, hurlement, ronronnement, roucoulement... chez l'animal. Mais seul l'homme possède le *logos* et, par là, s'élève au sentiment et à l'idée du bien et du mal, du juste et de l'injuste, et autres notions morales. Autrement dit, l'homme est une chose qui pense, qui interroge, qui inquiète les évidences, qui s'étonne, s'émerveille. La raison en son acception originelle, telle qu'elle s'incarne initialement en Socrate, n'est pas la faculté calculante qu'elle est devenue. Elle est cette disposition, cette passion même à soumettre tout ce qui se présente à elle au crible de la question. Elle est l'esprit de finesse qui vient tempérer, corriger l'esprit géométrique – distinction que Pascal établit précisément dans le contexte de l'accession de la géométrie au rang de discipline majeure avec Clavius, Galilée ou Descartes[1]. Elle est la raison telle que la magnifient encore Diderot ou Voltaire.

Ces facultés, ces dispositions sont universelles, mais l'homme occidental en a contracté la passion... et en a fait une forme de vie.

L'Occident, on le sait[2], a un lieu de naissance, non pas géographique, mais intellectuel, affectif même : Athènes, la Grèce, Socrate, Eschyle, Sophocle, Phidias, Périclès. On pourrait dire des Occidentaux ce que Jean Giono disait de son goût de l'auteur du *Prince* : « J'ai commencé de lire Machiavel, je m'y suis plu,

1. Il faut lire la préface, étincelante, de Marc Fumaroli à *L'Art de persuader* de Pascal, Rivages, coll. « Rivages Poche Petite Bibliothèque », 2017.

2. L'identité de l'Europe est une « identité excentrique » comme l'a établi Rémi Brague dans l'indispensable *Europe : la voie romaine*, Gallimard, coll. « Folio Essais », 1999.

j'ai continué. » Boèce, Dante ont commencé de lire les Grecs et les Romains ; Ficin, de lire Platon ; ils s'y sont plu et ils ont continué, et nous après eux. Ce qui a plu aux hommes du Moyen Âge, puis à ceux de la Renaissance, à ceux des Lumières encore quand Diderot ou Voltaire louent Socrate, c'est bien la proclamation qu'il n'est pas de fruit défendu, pas de cartes routières de la pensée, que partout, affaires humaines aussi bien que divines, l'esprit doit pouvoir se risquer. C'est en somme cette essentielle inquiétude, ce non-repos auquel consent quiconque commence de penser.

L'Occident pose donc d'emblée, c'est-à-dire dès Platon, dès la Grèce, l'homme comme être de questions, et ce point est décisif. L'homme ne se contente pas d'agir, de persévérer aveuglément dans son être ; il peut, il doit faire retour sur ses actes. La pensée est conçue comme dialogue avec soi-même, comme rendez-vous avec soi. Si la pensée, la raison et la parole mêlées, le *logos*, ce propre de l'homme, a une portée morale, c'est en vertu de ce dispositif du deux en un qu'est l'être humain. On peut commettre le mal, mais alors il nous faudra vivre avec l'assassin que nous avons été.

Et l'on en conclurait que la pensée de la spécificité humaine est compromise dans la destruction de la nature ? L'oubli de l'homme, de ce à quoi son humanité l'oblige, éclaire infiniment plus les offenses faites à la nature.

Cette question du propre de l'homme, de sa *spécificité*, n'a cessé en outre de travailler les esprits. Toujours elle est remise sur le métier. Parmi les très belles définitions de l'homme, on retiendra, parce qu'elle entre parfaitement dans notre réflexion, celle que propose Victor Hugo dans un fragment consacré à la civilisation : « L'homme supprime le désert par la famille ; il supprime le sauvagisme par la propriété. De la tente il passe à la cabane. La première cabane bâtie installe sa famille, mais l'animal aussi a son repaire où il met ses petits ; le premier champ dont l'homme hérite établit la différence ; la bête ne lègue pas sa tanière. » Autrement dit, l'humanité commence par la transmission, avec le legs. Belle définition et très à propos dans le contexte de crise écologique : on ne transmet que ce dont on a pris soin, et détruire la nature, c'est trahir notre vocation la plus haute, ce à quoi nous sommes seuls appelés.

4. À l'aube des temps modernes, deux grands cavaliers sont partis d'un bon pas, l'un français, l'autre espagnol...

En 1935, dans une célèbre conférence prononcée à Vienne d'abord, à Prague ensuite, « La crise de l'humanité européenne et la philosophie », Husserl s'inquiétait du dévoiement opéré par la modernité, de la raison exploratrice des Anciens en raison instrumentale et calculante, et rappelait l'Europe à son inspiration et à sa vocation inaugurale.

Quelque cinq décennies plus tard, dans un dialogue fécond avec ce même Husserl, Kundera remémorait aux Européens que la modernité ne s'identifiait pas tout entière à Descartes. À l'orée des temps modernes, un autre cavalier, espagnol celui-là, Cervantès, était également parti d'un très bon pas, animé de la passion de voir, de comprendre, d'interroger, qui avait jailli à Athènes au IVe siècle avant Jésus-Christ, poursuivant, prolongeant l'enquête commencée par les premiers philosophes. Socrate, autrement dit, n'était pas sans héritiers, mais ceux-ci s'incarnaient dans les romanciers. Dans les romanciers assurément, mais dans les peintres, dans les compositeurs aussi, et non moins dans les philosophes, et singulièrement dans les philosophes français qui « n'ont jamais eu beaucoup de goût pour les grandes constructions métaphysiques » et ont su « corriger par l'esprit de finesse ce que le raisonnement a de géométrique », comme l'établit Bergson dans une magnifique conférence portant sur *La Philosophie française*. Et, une fois encore, je sauverai Descartes dont on ne saurait dire, sauf à ne l'avoir jamais lu, qu'il fut le premier dans la décrépitude de la raison !

Il ne s'agit donc pas d'imputer la responsabilité de la crise écologique à la modernité tout entière, mais bien d'incriminer une modernité qui tourne le dos au fondement de l'Occident en se soustrayant à la question du sens de ce que nous faisons. Or, l'écologie telle qu'elle se déploie actuellement, gangrénée par l'idéologie, n'embrasse pas plus le particulier, le concret, le cas par cas que la modernité technicienne.

III. L'adieu des écologistes à Du Bellay, Simone Weil et Albert Camus

Qu'est-ce qu'un homme ? « Le pot de confiture et le martyr », répondait Régis Debray dans une de ces fulgurances dont il a le génie. Avec les écologistes, nous avons peut-être le pot de confiture – à moins que la frugalité et la sobriété finissent par la prescrire –, mais nous n'avons pas le martyr, c'est-à-dire l'épopée ; on retrouve sans doute un lieu, un jardin à cultiver, mais non une histoire et moins encore une patrie.

Leur idée de l'homme est une indigence redoutable. « Car c'est de l'homme qu'il s'agit, et de son renouement », concluait Saint-John Perse. Nul renouement à l'horizon. Et pourtant, n'est-ce pas en rendant les hommes à leur histoire, à leur lieu, à leurs attachements, en rompant avec l'anthropologie de l'*homo œconomicus*, qu'on servira le plus assurément la vie sur terre ? Leur homme est et demeure un déraciné, une « fleur coupée », selon la belle image de Julien Gracq, peut-être sent-on davantage autour d'eux « le terreau, l'air mouillé, le chien et le loup de six heures », mais il n'est irrigué par aucune sève. Ce qui frappe dans l'anthropologie des écologistes, aussi paradoxal que cela puisse sembler, c'est la désincarnation de leur homme ; il a un côté carte à jouer. L'épaisseur temporelle, historique, lui fait cruellement défaut.

1. *Heureux qui comme Ulysse...*

Le retour en force, et en grâce, du « local », des circuits courts, des « petits commerçants », des « petits artisans », de la souveraineté alimentaire, économique, de la réindustrialisation, de ces mots, et de ces choses, hier encore conspués et abandonnés aux populistes, témoignent du désir, du besoin même, de retrouver une terre, un sol, des réalités concrètes, incarnées, charnelles. Et l'on songe aux vers de Du Bellay : « Heureux qui comme Ulysse a fait un beau voyage [...]/Et puis est retourné, plein d'usage et raison,/Vivre entre ses parents le reste de son âge ! »

Comme Ulysse, après des décennies de fuite en avant et d'abstraction, il semble bien que nous aspirions à rentrer. Que, comme Ulysse, nous redécouvrions les vertus du lieu, de la sédentarité et de la présence des choses familières. Sans doute le voyage, métaphore du nomadisme et du mouvement perpétuel, de l'individu en marche et de la mondialisation, a-t-il été beau – pour certains du moins, ceux qui en ont les ressources, matérielles et mentales ; ceux que l'on appelle les gagnants de la mondialisation. Toutefois, même parmi ces derniers, l'adhésion n'est plus si entière. Eux aussi, à l'image du héros de Troie, commencent à s'en retourner pleins d'usage et de raison, mais d'une raison toute négative, instruits de ce que cette vie n'en est pas une, qu'elle entraîne la destruction de la planète sans doute, mais d'abord ne nourrit pas son homme. Si, économiquement, la mondialisation fait des gagnants, existentiellement, elle ne fait que des perdants. Les *anywhere*, ces cadres des grandes entreprises et de l'économie numérique, ces traders et autres individus hautement diplômés qui se flattaient hier d'être *de partout et de nulle part*, se plaisent à cultiver leur lopin de terre ou leur vigne, à fabriquer leur fromage, ou encore à conduire leur troupeau de moutons et de brebis.

Or, l'on aurait pu croire, l'on aurait voulu croire que l'écologie politique et militante donnerait une traduction politique à cette aspiration, à ce désir de retrouvailles avec une terre, un lieu sédimenté, riche d'histoires.

Les écologistes ne proclament-ils pas avec Bruno Latour : « Il nous faut revenir sur terre », « atterrir », « redevenir terrestres » ou encore, « en finir avec un monde hors-sol[1] » ? Ainsi de Grégory Doucet, le maire EELV de Lyon, qui considère que le « seul clivage qui

1. Bruno Latour, *Où atterrir ? Comment s'orienter en politique*, La Découverte, 2017, p. 77.

fasse désormais sens en politique, c'est celui entre les terrestres et les non-terrestres ». Sauf que la terre de Doucet, comme celle de Latour, est une réalité aussi abstraite et générale et lointaine que la Planète, ou aussi éthérée que Gaïa, déesse de la mythologie, élément primordial. Leur terre n'est pas la terre travaillée, sédimentée par les hommes qui nous ont précédés.

«Tous ceux qui disent les mêmes choses ne les possèdent pas de la même sorte », disait Pascal. Nous en avons ici un exemple éclatant. La terre de Bruno Latour et de Grégory Doucet, c'est la Terre – « avec un T majuscule pour bien souligner qu'il s'agit d'un concept », insiste le maître lui-même, non sans raison tant sa Terre relève du pur ciel des Idées. Qu'est-ce que la Terre dans la langue de Latour ? « Une mince pellicule à la surface du globe – la biosphère – que les vivants ont rendu habitable ».

Quant à terrestre, qui peut être gratifié du titre de « terrestre » ? « Celui qui accepte d'habiter dans la zone critique [*i.e.* la fine couche terrestre sur laquelle la vie se développe] et de contribuer à son habitabilité », et, « à ce titre, précise le professeur, les bactéries sont des terrestres tout autant que les hommes ». On se permettra d'objecter que si les bactéries jouent un rôle capital dans l'économie de la vie, on ne saurait dire qu'elles « acceptent » de rendre la vie possible. Pour consentir, il faut avoir la liberté de ne pas consentir. Sous le vernis philosophique, les approximations partout éclatent. Partant, que signifie « Devenir terrestre » ? Amener les hommes dans la grande Église de Gaïa, appeler à la *communion* intime entre toutes les formes de vie, la vie biologique et la vie humaine.

2. *Les écologistes, des hommes à paradoxes parce qu'à préjugés*

Hanté à l'idée que son éloge de la Terre et du sol puisse l'apparenter à quelque esprit conservateur ou réactionnaire, Bruno Latour ne cesse de donner des gages de son innocence. Ma Terre n'est pas la leur, proclame-t-il en substance : « Il ne faut pas confondre le retour de la Terre avec le “retour à la terre” de triste mémoire[1]. » Bruno Latour, est-il besoin de le préciser, n'est ni Simone Weil, ni Marc Bloch. Simone Weil qui, consciente de ce que, en parlant en 1943 d'enracinement, elle s'exposait à un procès en sorcellerie, répondait par anticipation à ces éventuels procureurs : « Loin de prendre en toutes choses le contre-pied des mots d'ordre [du gouvernement de Vichy], nous devons conserver beaucoup des pensées lancées par la propagande de la Révolution nationale, mais en faire des vérités. » Ou Marc Bloch écrivant magnifiquement dans *L'Étrange Défaite*, « J'entends, chaque jour, prêcher par la radio, le “retour à la terre” [...] je n'ignore pas que sous ces beaux sermons se dissimulent – en vérité assez mal – des intérêts bien étrangers au bonheur des Français. [...] Tout, pourtant, dans cette apologie de la France rurale, [n'est] pas faux. Je crois fermement que l'avantage demeure grand, pour un peuple, encore à l'heure présente, de s'enraciner fortement dans le sol. Par là il assure à son édifice économique une rare solidité, il se réserve surtout un fond de ressources humaines proprement irremplaçables. [...] Pour avoir naguère combattu à

1. *Op. cit.*, p. 72.

ses côtés et m'être beaucoup penché sur son histoire[1], je sais ce que vaut l'authentique paysan français ». La liberté d'esprit du philosophe ou de l'historien reste désespérément étrangère au sociologue.

Hantise d'être assimilé au camp du mal, mais aussi fond de sa philosophie, car ce qui intéresse Latour, comme tous les théoriciens actuels de l'écologie, ce n'est pas l'homme, les hommes, le séjour terrestre, mais en effet Gaïa ou le vivant. La bonne nouvelle du moment que nous vivons, pour le sociologue, est l'avènement de la Terre comme acteur politique, l'émergence d'une politique et d'une éthique des « vivants ». Il n'est pas excessif de dire que l'homme, l'humaine condition ne l'intéresse pas, pas plus que ses disciples.

Paradoxalement, ou plutôt force et poids du préjugé, l'écologie se refuse à penser et à légitimer la notion de limites. Sans doute répète-t-on en boucle que les ressources de la Planète ne sont pas illimitées, mais c'est seulement pour multiplier les interdits les plus arbitraires – limiter la vitesse de circulation parce que l'on a décrété que les voitures devraient disparaître du paysage des villes.

Dans une négation obstinée de la finitude humaine, l'écologie travaille au contraire à l'effacement de toutes les frontières : frontière entre les espèces et, frontières honnies entre toutes, les frontières nationales. « La philosophie peut se représenter la terre comme la patrie de l'humanité et d'une seule loi non écrite éternelle et valable pour tous. La politique a affaire aux

1. On rappellera que, avant de se faire l'historien de *L'Étrange Défaite*, Marc Bloch était spécialiste du Moyen Âge. Auteur notamment d'un ouvrage pionnier, *Les Caractères originaux de l'histoire rurale française*.

hommes, ressortissants de nombreux pays et héritiers de nombreux passés ; ses lois sont les clôtures positivement établies qui enferment, protègent et limitent l'espace dans lequel la liberté n'est pas un concept, mais une réalité politique vivante », rappelait sagement Arendt.

Les écologistes sont et demeurent des « mondialistes ». Comme les impérialistes du XIXe siècle, ils s'orientent à l'échelle de la Planète. Pour les écologistes, la notion de peuple, cet intermédiaire entre l'individu et l'humanité, cimenté par des souvenirs communs, n'a ni réalité ni légitimité. L'humanité est une, un pays n'est qu'une terre, une auberge qui se doit d'être ouverte à tous, disposée à accueillir « inconditionnellement » « toutes les personnes en situation de vulnérabilité, dont les migrant.e.s », ainsi que le prescrivent les textes d'EELV. Nos « locavores » promeuvent les « petits producteurs » français, les « petits paysans », les « petits artisans » français, mais veillent farouchement à ce que le rapatriement ne soit pas entendu en un sens littéral, comme retour dans la patrie, pour ne rien dire de la mère-patrie. On veut bien retrouver un sol, une terre, mais une histoire, une géographie, des racines, des ancêtres, des morts en aucune façon !

Citoyens du monde, ils étaient hier ; citoyens du monde, ils demeurent ! Chantres de la société inclusive et du multiculturalisme, ils entonnent avec l'Union européenne l'hymne à la joie d'un monde sans frontière et ouvert à toutes les migrations. Patrick Boucheron est leur historien ; l'*Histoire mondiale de la France*, leur Bible. Au moment où la philosophe Simone Weil est confirmée dans ses conclusions, où la patrie est redécouverte comme « milieu vital » et « source de vie », les écologistes, on l'a vu, parachèvent sa décomposition.

C'est tout le paradoxe de notre situation : ceux-là mêmes qui confèrent sa respectabilité à ce mouvement de retour restent des mondialistes et des déracinés. Qu'est-ce que la France pour eux ? En aucune façon, une chose belle et précieuse ; ils la tiennent au contraire pour laide et fautive, coupable de part en part, à l'endroit des femmes, des minorités raciales et sexuelles, des animaux, des végétaux, etc. Fragile et périssable, assurément, et c'est pour eux la bonne nouvelle, ils ont en effet compris, avec les féministes, avec les indigénistes, avec les islamistes, que le fruit pouvait à tout moment tomber.

3. L'écologie, un rendez-vous manqué – jusqu'à présent – avec l'humaine condition

Loin de rendre sa légitimité anthropologique au besoin d'enracinement, d'inscription dans un lieu et dans une histoire, qui se fait entendre aujourd'hui en France comme dans l'ensemble des pays occidentaux, l'écologie telle qu'elle s'incarne dans l'écologie militante et politique – Europe Écologie-Les Verts et leurs satellites socialistes – travaillent à extirper le peu de racines qui ancraient encore la France dans une histoire, dans un passé. Et pourtant, le réenracinement – qui n'est pas l'enkystement – est le plus sûr adjuvant à la restauration d'une terre viable. Nous sommes dans un entre-deux : plutôt que de nous abandonner à des chimères, repartons des réalités humaines concrètes.

Lorsque, en 1949, il publie l'ouvrage posthume de Simone Weil, *L'Enracinement*, Albert Camus déclare : « Il me paraît impossible d'imaginer pour l'Europe une renaissance qui ne tienne pas compte des exigences que Simone Weil a définies dans ce livre. » Or, ce que contenait ce livre était un extraordinaire hymne au besoin humain d'ancrage en un lieu et dans une histoire. Un besoin, une exigence d'incarnation. Tout le malheur des hommes, dit en substance Simone Weil dans ce livre qui devrait demeurer notre bréviaire, *a fortiori* par gros temps écologique, vient de ce qu'ils vivent comme en lévitation sur la terre : ce monde, ils y sont sans y être, ils ne l'habitent pas. Ils vivent à la surface d'eux-mêmes et des choses. « L'enracinement est peut-être le besoin le plus important et le plus méconnu de l'âme humaine », écrivait-elle. Le plus méconnu, parce que l'homme, étant d'emblée, dès la naissance, entouré d'êtres et de choses, cet ancrage semble donné. C'est une erreur. Par la naissance, l'enfant est au monde ; il n'est pas du monde : aucun lien entre lui et les réalités qui l'entourent ne se tisse sinon des liens strictement utilitaires, superficiels et révocables à loisir ; rien de ces liens qui instituent l'homme, le dotent d'une épaisseur temporelle qui n'est pas donnée avec la vie, de ces liens qui charpentent son existence et le font se sentir debout. Simone Weil rappelle, autrement dit, à la nécessité de prendre racine. La métaphore botanique ne doit pas nous égarer : les racines n'immobilisent pas, elles sont la sève qui irrigue l'individu, elles sont « pourvoyeuses de vie », dit Simone Weil. Elles racontent des histoires, l'histoire de chacune des collectivités dans lesquelles l'individu se trouve inscrit, depuis la famille, le village, l'Église, la profession.

C'est en prenant racine que cette créature, aplanie sur le seul présent, se redresse et s'élargit, s'élargit aux dimensions du passé et de l'avenir, comprend, dans la double acception du terme, ceux qui l'ont précédée et ceux qui viendront après elle. Les racines inscrivent ainsi le sujet dans une temporalité plus vaste que celle du seul présent ; partant, l'instituent comme héritier et acteur, continuateur d'une histoire et non plus comme simple consommateur et usager. À une pensée de droits de l'homme, Simone Weil invitait à substituer une pensée des devoirs ; c'est par les devoirs en effet qu'on s'attache – dans toutes les acceptions du terme – et se rattache aux êtres et aux choses de ce monde.

Le lieu que nous habitons se densifie, cesse d'être le simple décor de nos vies, de la pure matière à façonner, pour devenir *réelle présence* et présence qui oblige. On pourrait dire que c'est alors que le monde acquiert un visage – et un visage au sens moral, éthique que lui attache Emmanuel Levinas : il nous défend de tout oser.

Ce n'est pas le moindre des paradoxes : c'est à une âme chrétienne que nous devons d'être rappelés aux délices de la vie terrestre, à elle qu'il revient de nous insuffler le goût de notre séjour ici-bas.

Nous voici en quelque sorte reconduits aux lendemains de la Seconde Guerre mondiale, lorsqu'il s'agissait, sur les décombres matériels et moraux de la guerre et de l'Occupation, de rebâtir les pays européens. Or, les écologistes, loin de rendre leur légitimité à ces besoins fondamentaux de l'âme humaine, les piétinent avec plus d'allégresse encore. On l'a vu avec les éoliennes, le mépris qu'ils réservent à l'attachement des populations à la beauté de leurs paysages. Cette beauté dont Giono disait qu'elle est la « charpente de l'âme ».

Un homme prend toujours soin de ce qu'il aime. Pour former des consciences vertes, donnons à aimer la France dans sa singularité, dans sa physionomie propre.

Troisième partie

Une autre écologie est possible

L'écologie est une chose trop sérieuse pour être abandonnée aux écologistes, dit-on volontiers. Assurément.

Même si ce n'est pas l'écologie qui est une chose sérieuse, mais la variété des paysages, la prodigalité des espèces vivantes, la continuité de nos civilisations. Chose trop sérieuse pour être abandonnée aux écologistes assermentés, mais aussi bien à tous ceux qui, et avec quelle emphase, érigent l'écologie comme une « cause ». Ainsi de l'Union européenne qui, dans le même temps ou presque, proclame *urbi et orbi* un grand Plan vert dont l'essentiel consiste en taxes et autres brimades, et signe des accords de libre-échange qui placent la production agricole française dans une situation de concurrence redoutable et auront pour conséquence fatale d'intensifier les importations. Ou encore qui conçoit une nouvelle Politique agricole commune (PAC) qui continuera de distribuer les subventions selon des critères quantitatifs, favorisant les exploitations les plus vastes, donc les plus industrialisées, et les plus dépendantes des intrants de synthèse. Ou encore une Commission européenne en passe d'autoriser le retour des farines animales pour nourrir les porcs et les volailles.

On l'aura deviné, une autre écologie commencera par parler une autre langue que celle en vigueur actuellement. La première des questions portera sur l'objet même de l'écologie : parlera-t-on d'environnement, de milieu, de nature ? Badinage conceptuel ? Oui et non. Environnement ? On grince quelque peu des dents : il reste tributaire d'une anthropologie libérale qui pense l'homme comme premier ; la nature tend à y apparaître comme un simple décor sur lequel se détachent nos vies. Lorsque le ministère est créé, en 1971, il reçoit le titre de « ministère de la Protection de la nature et de l'environnement ». Il se murmure que ce fut là une manière de ne pas trancher entre les deux hommes qui présidèrent à sa création : « nature » serait la marque de Pompidou, qui ne dédaignait pas de passer pour homme des champs, et « environnement », la signature du plus citadin Chaban-Delmas. Importé du monde anglo-saxon, lorsqu'il est introduit en ce début des années 1970, le terme d'environnement est accueilli avec un certain scepticisme. Autant la notion de « nature » était aisément évocatrice, autant la notion d'« environnement » avait tout de « l'auberge espagnole, dans laquelle chacun apporte ce qu'il souhaite trouver », ainsi que l'écrivait le journaliste du *Monde*, Marc-Ambroise Rendu, en 1975.

Dans ses mémoires, *Le Ministère de l'impossible*, Robert Poujade, premier titulaire de la fonction, revenant sur l'usage de ce vocable, s'en fera l'avocat : « Je suis certain, écrit-il, que ce mot d'environnement recouvrait une idée importante, une de ces idées – il n'y en a pas beaucoup dans chaque siècle – qui conduisent une société à s'interroger sur ses raisons de vivre, sur ses valeurs, sur son organisation, sur ses capacités de renouvellement. » On reconnaîtra ce mérite au terme d'environnement : il ne néglige pas les hommes, il les prend en considération. Et d'ailleurs, pour le ministre, l'objet de son ministère était « la qualité de vie ». Il évoque un « certain art de vivre », qui devait pouvoir être préservé.

À la notion d'environnement, on préfèrera toutefois, avec Augustin Berque, celle de « milieu », qui dit davantage l'interdépendance, l'articulation de l'homme et de la nature, leur communauté de destin. Le lieu que nous habitons, les paysages qui nous entourent, nous façonnent comme nous les façonnons ; ce que l'un fait à l'autre les affecte respectivement. Et l'on songe à l'image du chiasme, de l'entrelacs, proposée par Merleau-Ponty.

Quant au mot de nature – que Philippe Descola juge trop « abstrait » et lui préfère celui... d'écosystème, je dois avouer que cette conclusion m'a laissée interdite ! –, il a pour vertu de dire ce qui *naît*, ce qui naît *de soi-même* et par conséquent nous rappelle à la dimension du don présent dans le donné naturel et en appelle ainsi à notre gratitude.

I. Une écologie de l'autolimitation

> Les progrès des sciences rendent nécessaires les progrès de la morale ; car, en augmentant la puissance de l'homme, il faut fortifier le frein qui l'empêche d'en abuser.
>
> Germaine de Staël

J'ai tenté de le faire apparaître tout au long de cet essai, le destin des bêtes et des sols est davantage suspendu à la reviviscence de certaines dispositions humaines qu'à une kyrielle de mesures. Si l'« urgence » écologique devait avoir quelque vertu, ce serait celle de nous rappeler à nos possibilités les plus élevées, nous remémorer, je l'ai déjà dit, que l'homme est voué à de plus nobles tâches que celles de consommer et de consumer, d'épuiser et de détruire ce qui lui est confié.

Quand l'homme érode les sols ou transforme les vaches en machines à produire de la viande, il porte atteinte à la nature, au vivant certes, mais d'abord, si j'ose dire, à lui-même. « Un homme, ça s'empêche », disait Camus. Là est sa noblesse.

Je ne milite pas pour la décroissance, je milite pour un homme qui se fixe à lui-même des limites. Il n'est rien de plus grotesque et de plus insupportable que d'entendre les écologistes pourfendre le consumérisme quand, avec toute la gauche, ils l'ont introduit dans le domaine de la culture – qui doit être ludique, vivante, désacralisée, bref aisée à consommer – ou dans le domaine de la vie, où la PMA et bientôt, à n'en pas douter, la GPA doivent satisfaire au « désir d'enfant» de chacun.

Accoutumés à n'être limités que par la loi – tout ce qu'elle n'interdit pas est permis –, nous en sommes venus à oublier que chacun de nous est à lui-même, pour lui-même, instance de limitation. C'est là un des thèmes majeurs de Soljenitsyne, et d'un Soljenitsyne qui avait été frappé par les conclusions du rapport du Club de Rome, en 1972, alertant sur l'hypothèque que le productivisme faisait peser sur nos civilisations. « Une société qui s'est installée sur le terrain de la loi, sans vouloir aller plus haut, n'utilise que faiblement les facultés les plus élevées de l'homme », écrit-il magnifiquement dans *Le Déclin du courage*. L'individu n'est pas qu'un vivant avide de s'étendre, de se répandre, de « s'épanouir », selon le mot fétiche de notre époque. Il est un être capable de tenir la bride à ses appétits et à ses désirs. Le principe de limitation est donc inscrit au cœur de l'homme – et là est sa grandeur.

« Du fait de sa rationalité, observait le philosophe Leo Strauss, l'homme dispose de plus de possibilités qu'aucun être au monde : la conscience de cette latitude, de cette liberté est associée au sentiment que l'exercice sans frein de cette liberté n'est pas juste. La liberté de l'homme, ajoute-t-il, va de pair avec une terreur sacrée, avec une sorte de pressentiment que tout n'est pas permis. Nous pouvons appeler cette terreur sacrée la conscience naturelle de l'homme. » Ces lignes sont sublimes, au sens que lui attache Kant ; elles ont le caractère abyssal des paysages du Romantisme allemand : qu'avons-nous fait, nous autres hommes, de cette terreur sacrée ? Comment avons-nous réussi à ensevelir cette conscience que Strauss disait naturelle, donnée à l'homme avec la liberté ?

Fasse que l'inquiétude écologique nous rappelle à ce pouvoir d'autolimitation qui ne confine pas à l'ascèse, à la frugalité, à la sobriété, mais à la responsabilité. Ne demandons pas tout à la loi, aux règlements, aux normes. Le remède n'est pas dans la judiciarisation de nos vies, n'en déplaise aux activistes du climat, aux instigateurs de la campagne « l'Affaire du siècle » et autres procureurs enfiévrés.

II. Une écologie de la gratitude

Dans un texte de 1951 intitulé « En guise de conclusion », sorte de codicille aux *Origines du totalitarisme,*

Hannah Arendt pose une alternative décisive politiquement et moralement et qui demeure la nôtre. Soit, établit-elle, nous continuons de glisser sur la pente ouverte par la modernité et suivie par les totalitarismes postulant que « tout est possible », celle d'un « ressentiment fondamental contre tout ce qui est donné », contre « tout ce qui n'est pas fabriqué par l'homme » et nous n'aurons rien appris de l'épreuve totalitaire ; soit nous nous réconcilions avec la part non choisie de l'existence et redevenons capables, à l'image des Anciens, de « gratitude pour les quelques choses élémentaires qui nous sont véritablement et invariablement données ». Ces choses élémentaires qui nous sont données, auxquelles Arendt fait ici allusion, relèvent de la nature, mais non moins de la culture : la civilisation historiquement constituée dans laquelle nous entrons en naissant, la langue, les œuvres d'art qui sont dons des morts.

Or, à peine Hannah Arendt a-t-elle énoncé cette impérieuse alternative entre ressentiment et gratitude, à peine l'encre est-elle séchée, que force lui est de constater que, sans crainte ni tremblement, l'Occident a choisi de persévérer sur la voie de la rébellion contre la condition humaine. Trois faits retiennent son attention. L'envoi dans l'espace, en 1957, du premier *Spoutnik*. Pour la première fois, « un objet fait de main d'homme est lancé dans l'univers ». Et ce qui la frappe, et lui semble des plus significatif, ce sont les commentaires qui entourent l'événement : le lancement du satellite est unanimement célébré comme « le premier pas vers l'évasion des hommes hors de la prison terrestre » ; la démonstration serait ainsi faite, dit-on encore, que « l'humanité ne sera pas toujours rivée à la Terre ». Les hommes ont de tout temps regardé du côté de l'espace

– songeons au véritable Cyrano, auteur de l'*Histoire comique des États et Empires de la Lune* –, mais ils n'interprétaient pas ce voyage comme une libération. Là est la nouveauté. La rébellion se tourne contre le séjour terrestre lui-même : « L'humanité en est venue à considérer la Terre comme prison du corps. » Et Arendt de demander : « L'émancipation, la sécularisation de l'époque moderne, qui commença par le refus non pas de Dieu nécessairement, mais d'un dieu père dans les cieux, doit-elle s'achever sur la répudiation plus fatale encore d'une Terre mère de toute créature vivante ? »

Notre philosophe est également contemporaine des premières tentatives de donner la vie dans des éprouvettes, de « rendre la vie artificielle » ; autrement dit, de « couper le dernier lien qui maintient encore l'homme parmi les enfants de la nature ». *Last but not least*, déjà, les laboratoires des scientifiques bruissent de la promesse de rendre l'homme immortel, de « tuer la mort » – « *Kill the death!* », comme on le trompette aujourd'hui dans ce temple du transhumanisme qu'est la Silicon Valley. Autant de pièces à conviction pour Hannah Arendt de ce que la « révolte contre l'existence humaine telle qu'elle est donnée, cadeau venu de nulle part (laïquement parlant) » se poursuit. Ce sera l'objet de *The Human Condition* – le titre français, *Condition de l'homme moderne*, égare et réduit la portée du maître-ouvrage d'Arendt – que de travailler dans le sens de la réconciliation – mot arendtien en diable –, que de nous apprendre à connaître la condition humaine, à l'aimer plutôt que de chercher à s'en affranchir, à goûter le jeu, les jeux qu'elle autorise, à nous enseigner l'art de composer avec elle. Bref, à faire résonner la dimension du don contenue dans le donné et à nous instiller quelque chose de cet *amor mundi* dont elle avouait elle-même être tardivement devenue capable.

L'existence humaine est conditionnée, assurément, mais ces conditions ne sont pas des conditionnements ; elles ne vouent pas les hommes à l'impuissance, au contraire, elles les sollicitent et ils s'en saisissent, les assument et les couronnent de créations, d'institutions originales. Lire Arendt, c'est apprendre ce que nous avons funestement désappris, apprendre à articuler la liberté et le donné de l'existence, être rappelés à notre propre nature, à nos limites, à notre finitude et nous y plaire. Et c'est très exactement ce dont ont impérieusement besoin la terre et les bêtes.

Écologie de la gratitude, entée sur une écologie de la compassion, à l'image du patriotisme de compassion que Simone Weil appelait de ses vœux. Une écologie portée et éperonnée par le « sentiment de tendresse poignante pour une chose belle, précieuse, fragile et périssable » nous arracherait des chimères idéologiques de l'écologie contemporaine. Définition très exacte du donné naturel qui est confié à notre garde.

III. Une écologie de l'œil et de l'esprit

1. *Les sens des avertisseurs d'incendie*

Vaclav Havel raconte comment, enfant, sur le chemin qui le conduisait à l'école à travers champs, il voyait « chaque jour à l'horizon la haute cheminée d'une usine » dont sortait « une épaisse fumée brunâtre » se dispersant dans le ciel bleu : « Chaque fois que je voyais cette fumée, relate-t-il, j'éprouvais avec intensité le sentiment qu'il y avait quelque chose de profondément inconvenant car ainsi les hommes souillaient le ciel. » La « répugnance » de l'enfant était, certes, purement « esthétique », mais cela suffisait à l'éveiller à la conscience d'une faute : « J'ignore si alors l'écologie existait [...] néanmoins j'ai été spontanément affecté et blessé par cette souillure du ciel ; il me semblait qu'ainsi l'homme commettait une faute, qu'il détruisait quelque chose d'important, qu'il violait arbitrairement l'ordre naturel des choses et qu'il devrait nécessairement payer cher une telle conduite. »

Ce récit, magnifique, met en lumière ce que l'on pourrait appeler les vertus heuristiques de la laideur ou de la beauté offensée, comme Hans Jonas parlait d'une heuristique de la peur ; mais une heuristique de la beauté a quelque chose de plus entraînant, de plus dynamique. La beauté blessée est bonne conseillère. Elle est, elle devrait être un « voyant », pour reprendre le mot du poète Michel Deguy, « un voyant qui s'allume en alerte ». Elle est l'indice de ce que le monde se défait, sort de ses gonds, que l'ordre des choses est violé. Les sens et singulièrement le sens du beau sont ainsi des avertisseurs d'incendie. Nous gagnerions à leur donner audience.

« Nous avons exilé la beauté, quand les Grecs faisaient la guerre pour elle », écrivait Camus, songeant à Homère, à Hélène et au conflit troyen. Nous avons exilé la beauté et plus largement la sensibilité. Si les Grecs pouvaient prendre les armes pour la beauté, c'est que celle-ci revêtait à leurs yeux, un caractère sacré ; elle était de ces choses auxquelles on ne porte pas atteinte impunément. Comme la religion pour Tocqueville, la beauté retient, empêche, devrait empêcher de tout concevoir et défendre de tout oser. Elle force à s'incliner. Elle est principe de limitation.

Si les Grecs étaient disposés à combattre pour la beauté, c'est aussi qu'ils la savaient infiniment fragile :

la « beauté ne tient qu'à un fil » ; rien de plus facile à détruire qu'une harmonie, il suffit d'une « fausse note », rappelait Giono. Les éoliennes en sont l'illustration même. Droit donc *de* la beauté avant même droit de l'homme *à* la beauté. Or, si la sentimentalité et la sensiblerie, le pathos, si les émotions exercent une véritable tyrannie au détriment de la raison et de l'argumentation, la sensibilité, elle, est la grande oubliée, la grande négligée de ces dernières décennies.

2. *L'opticien de Combray*

L'exemple de Vaclav Havel le montre avec éloquence, la nature dépend de l'existence d'êtres qui ont la passion de voir, d'observer, de scruter. Les statistiques, les machines capables de « modéliser » la nature ne sauraient remplacer l'œil et l'esprit humain, l'attention au monde que nous habitons, le besoin de réelles présences.

Les sens sont des avertisseurs d'incendie, mais ils demandent à être formés et notre sensibilité à être aiguisée, affinée. Le vocabulaire de notre sensibilité se forme dans la fréquentation patiente, assidue, répétée, des grandes œuvres. Les peintres, les musiciens, les poètes sont nos maîtres en perception et en sensations, à la manière de Proust, tendant au lecteur *À la recherche du temps perdu* comme l'opticien de Combray tend à un acheteur des verres grossissants.

Ils nous apprennent à voir, à entendre, à humer. La vue, l'ouïe, l'odorat, le toucher, le goût : il n'est pas un sens qui ait été négligé. L'odorat a ses romanciers. Colette, dont Philip Roth dit qu'elle est l'écrivain le plus accordé au « sensualisme du monde », parlait de « l'olfactif de sa mémoire » ; ses peintres aussi : Cézanne ambitionnait une peinture capable de titiller les narines de ses spectateurs. Si nous avons besoin des hommes de l'art, c'est que les infinies nuances de la nature, celles de nos sensations et de nos sentiments, ne sauraient être démêlées par l'homme ordinaire : « saisies par l'homme de génie, senties par l'homme de goût, aperçues par l'homme d'esprit, elles sont perdues pour la multitude », écrit d'Alembert.

D'Alembert prenait pour exemple la musique ; tendons l'oreille à Debussy : « On cherche ses idées en soi, observe le compositeur, alors qu'on devrait les chercher autour de soi. [...] On n'écoute pas [...] les mille bruits de la nature, on ne guette pas assez cette musique si variée qu'elle nous offre avec tant d'abondance. » Et telle est la promesse que forme et tiendra, le compositeur de *La Mer* : porter à l'expression les bruits du monde, nous les donner à entendre et nous apprendre à y être attentifs.

C'est pourquoi l'écologie doit se faire poétique, selon l'expression d'Alain Finkielkraut. Afin d'avoir les mots, les notes, les couleurs pour démêler les infinies nuances d'un paysage, les visages inépuisables des bêtes – le cheval de Nicolas Poussin dans *Tancrède et Herminie* au musée de l'Ermitage ou « Le crapaud » de Hugo.

Mais leur tâche ne s'arrête pas là : les œuvres d'art nous rendent les lieux, les oiseaux, les fleurs qu'elles peignent avec les mots pour les uns, avec les couleurs ou les notes pour les autres, éminemment, irrésistiblement désirables. Qu'un peintre, qu'un poète évoque tel paysage et nous n'avons plus qu'une impatience, un bouillonnement : nous rendre sur le lieu même évoqué par l'artiste, faire à notre tour, en personne, l'expérience de ce paysage. Proust est celui qui a le mieux décrit cette avidité, cette soif de beauté qui nous saisit alors. Un exemple entre mille : Elstir montre au narrateur une aquarelle, « une esquisse prise non loin d'ici [le narrateur est alors à Balbec/Cabourg], aux Creuniers » : « Regardez, dit le peintre, comme ces rochers puissamment et délicatement découpés font penser à une cathédrale. » Le narrateur fait alors part de son regret d'ignorer cet endroit. En réalité, ce lieu lui est familier, il l'a traversé une centaine de fois, mais sans y prêter attention. L'œuvre le lui découvre, le lui révèle. Phénomène sur lequel Merleau-Ponty jette une vive lumière : « L'être est ce qui exige de nous création pour que nous en ayons l'expérience. »

C'est ainsi que, par leurs œuvres, les artistes se font les témoins et les gardiens de ces richesses. Leurs expériences doivent demeurer à jamais possibles. Ainsi, longtemps, jusqu'à ce que le péril vert que représentent les éoliennes n'étende son ombre, la montagne Sainte-Victoire, on l'a vu avec Jacqueline de Romilly, avait-elle été protégée, préservée par la grâce de Cézanne.

IV. Une écologie conservatrice ?

1. Le droit de l'individu et des peuples à la continuité historique

L'écologie telle qu'elle s'incarne aujourd'hui, chez les politiques et les militants, s'interdit de prendre appui sur les dispositions humaines qui sont les meilleures alliées de la nature : le besoin de stabilité, de continuité et, singulièrement, le besoin et le sens de la continuité historique, l'attachement à un lieu, à sa beauté, la vertu de la fidélité. La nostalgie aussi. « Nos valeurs "prométhéennes", observait Jankélévitch en 1978, s'entendent avec l'utilitarisme des sociétés industrielles contemporaines pour faire honte aux nostalgiques qui se retournent en arrière. » La rumination, l'attendrissement, ces belles possibilités humaines, sont laissées en friche. Les diplômés des travaux publics auraient honte d'être surpris dans de telles dispositions et soupçonnés de vague à l'âme. Ce n'est pas le nostalgique qui « assèche les marais, creuse les tunnels, édifie les barrages ». Le cours des valeurs prométhéennes s'est effondré, mais non la mentalité utilitaire qui s'est trouvé un nouvel allié dans l'écologie. Et l'on continue, les Verts en tête, à faire honte aux nostalgiques. Le nostalgique impatiente les exaltés du monde de demain, les spécialistes de la « réinvention » de nos sociétés : « Comment édifier un avenir avec des citoyens qui languissent en pensant à l'odeur d'herbe brûlée de leur petit village et qui chantent au fond de leur mémoire : “Combien j'ai douce souvenance du joli lieu de ma naissance”. » Et pourtant, la nostalgie n'est-elle pas, pourvu qu'on ne s'y complaise pas, le commencement de la résistance ? Le nostalgique sait qu'un autre monde est possible.

Une écologie conservatrice, c'est ainsi au contraire une écologie qui prend appui sur ces dispositions humaines. Partant, qui ne sépare pas la nature de la culture, et encore moins ne joue la première contre la seconde. Comme la nature, les trésors de la civilisation, à commencer par la langue, sont périssables, et ensemble ils doivent pouvoir compter sur un être capable de prendre soin de ce qui est confié à sa garde.

Modèle d'écologie conservatrice, on lira l'admirable plaidoyer en faveur des arbres que le président Pompidou adressa à son Premier ministre Jacques Chaban-Delmas, en juillet 1970, alors qu'il venait d'avoir vent d'une circulaire dont il ressortait, contre sa volonté, que « l'abattage des arbres le long des routes [deviendrait] systématique sous prétexte de sécurité ». Le président observe que la circulaire reste très discrète sur le déplacement des poteaux électriques ou télégraphiques – la raison en est simple, comprend-il, c'est qu'« il y a des administrations pour [les] défendre » ; « Les arbres, eux, n'ont d'autres défenseurs que moi-même » : « La France, argumente ainsi magnifiquement Pompidou, n'est pas faite seulement pour permettre aux Français de circuler en voiture, et, quelle que soit l'importance des problèmes de sécurité routière, cela ne doit pas aboutir à défigurer son paysage. […] La sauvegarde des arbres plantés au bord des routes – et je pense en particulier aux magnifiques routes du Midi bordées de platanes – est essentielle pour la beauté de notre pays, pour la protection de la nature, pour la sauvegarde d'un milieu humain. » La vie moderne dans son cadre de béton, de bitume et de néon créera de plus en plus chez tous un besoin d'évasion, de nature et de beauté. L'autoroute sera utilisée pour les transports qui n'ont d'autre objet que la rapidité. La route, elle, doit redevenir pour l'automobiliste de la fin du XXe siècle ce qu'était le chemin pour le piéton ou le cavalier : un itinéraire que l'on emprunte sans se hâter, en en profitant pour voir la France. Que l'on se garde donc de détruire systématiquement ce qui en fait la beauté[1] ! » Et l'on se prend à rêver d'un président capable aujourd'hui d'une telle liberté à

1. Je ne peux développer ici ce point, mais le portrait d'un Pompidou champion de la voiture demande à être nuancé, complexifié. Je renvoie à la lecture du dossier, accessible en ligne sur le site de l'Institut Georges-Pompidou (www.georges-pompidou.org), « Paris, l'automobile, les transports », qui réunit un ensemble remarquable d'archives qui témoignent d'un temps où la politique et la pensée n'avaient pas encore divorcé.

l'endroit des lobbys des énergies renouvelables et d'une telle profession de foi dans la beauté, interrompant impérieusement sa ministre de la Transition écologique entraînée dans une course effrénée à l'implantation de ces redoutables mâts.

2. *La tradition cachée de la droite*

L'écologie est de gauche. La chose serait entendue. Et pourtant, comme pour les femmes, les premières mesures en faveur de la nature émanent de gouvernements de droite. Je viens d'évoquer la magnifique lettre de Pompidou. Mais qui lit encore le remarquable discours que le président Pompidou prononça à Chicago, en 1970, intitulé « La crise des civilisations » – premier discours présidentiel à la tonalité écologique :

« L'emprise de l'homme sur la nature est devenue telle qu'elle comporte le risque de destruction de la nature elle-même. Il est frappant de constater qu'au moment où s'accumulent et se diffusent de plus en plus les biens dits de consommation, ce sont les biens élémentaires, les plus nécessaires à la vie, comme l'air et l'eau, qui commencent à faire défaut. La nature nous apparaît de moins en moins comme la puissance redoutable que l'homme du début de ce siècle s'acharnait à maîtriser, mais comme un cadre précieux et fragile qu'il importe de protéger pour que la terre demeure habitable à l'homme. »

Qui se souvient que le premier ministère de la Protection de la nature et de l'environnement sera institué en 1971 à l'initiative du président Pompidou et du Premier ministre Jacques Chaban-Delmas ? Et puis n'est-ce pas à Valéry Giscard d'Estaing que nous devons la plus belle, la plus sobre aussi, définition de l'écologie : « L'écologie, c'est avoir peur pour ce qui est... C'est aussi ça être de droite » ?

Les écologistes peuvent tirer à boulets rouges sur le capitalisme et le néolibéralisme, ils en sont, comme l'ensemble de la gauche depuis des décennies, les meilleurs alliés ; ils en épousent l'esprit et la logique, comme Jean-Claude Michéa l'a établi mieux que quiconque. Si l'économisme est inamical aux hommes, aux choses et à la planète – et c'est un euphémisme ; « cruel » serait plus exact –, c'est qu'il voue toutes choses à la disparition, à l'engloutissement, au passage ; il renchérit sur la loi de la vie : tout passe, rien ne dure, tout passe, rien ne doit durer, dit l'économie. Et celle-ci ne se connaît de pire ennemi que le conservateur, celui qui prend soin de ses biens, qui fait durer les choses et, à l'inverse, chérit le consommateur, qui, lui, consume, remplace sans cesse et réclame incontinent des produits toujours nouveaux et toujours frais. Or, à cette logique compromise dans la crise écologique, la gauche n'a-t-elle pas donné l'onction intellectuelle et morale ? Elle aussi, et les écologistes en tête, s'obstine à ne voir que crispation, frilosité, haine, dans ces dispositions qui sont cependant les meilleures armes contre la disparition et pour le sauvetage.

3. Une écologie qui « se sert » de la France

> Le crime de nos politiques n'est pas de n'avoir pas servi la France que de n'avoir pas su s'en servir.
>
> Georges Bernanos

> Dans nos sociétés en mouvement, les retards donnent quelquefois de l'avance.
>
> Jean-Paul Sartre

On l'a vu, la France se distingue par ses résistances généralement requalifiées de « retards ». De cette inclination à traîner les pieds, les écologistes s'impatientent aujourd'hui, comme hier les chantres de la modernisation. Et pourtant, si cette résistance aux injonctions du présent recélait des vertus, et notamment au regard des enjeux écologiques ? Et si, pour le dire avec les mots de Jean-Paul Sartre, nos retards nous donnaient de l'avance ?

De fait, si réellement la préservation de la nature devenait une priorité et triomphait des seules exigences de compétitivité et de rentabilité, si la qualité reprenait le dessus sur la quantité, le goût et la fierté du travail bien fait sur le seul objectif du rendement et du gain, la persistance, la résistance, dans bon nombre de nos régions, d'un modèle agricole de taille familiale, d'un élevage de type traditionnel nous donneraient une longueur d'avance sur l'Allemagne par exemple – modèle volontiers invoqué pour nous disqualifier, notamment dans notre opposition à l'instauration des fermes des mille vaches, structure industrielle qui constitue la norme chez nos voisins germaniques.

« La France est seule, absolument seule capable de concevoir un autre monde que celui-ci », un monde autre que celui qui vit de la société industrielle, dominé par l'économie et la technique ; ce monde que Bernanos appelait la civilisation des machines. Sans doute la formule, slogan des altermondialistes et autres reconstructeurs en chef, est-elle à prendre *cum grano salis*. Il serait toutefois heureux de renouer avec l'ardeur d'un Bernanos exhortant les Français à se souvenir de la vocation de la France, contraire en tout point à la logique techniciste. Souvenez-vous de qui vous êtes, leur enjoignait-il en substance ; souvenez-vous que si l'Allemagne est la patrie de Marx, lequel donne à cette civilisation la philosophie matérialiste dont elle a besoin, la France est la patrie de Bergson et de Valéry. L'ardeur avec laquelle l'auteur de *La France contre les robots* s'est employé à éperonner la résistance de ses compatriotes contre le déploiement de la civilisation des machines, en les rappelant à leur génie propre, en rouvrant pour eux et avec eux les archives, doit nous inspirer. Il est d'ailleurs heureux d'observer que, si dans les années 1950-1960, l'appel bernanosien n'a guère été reçu – la France s'est malgré tout convertie au fonctionnalisme et au productivisme –, son pamphlet de 1947 connaît aujourd'hui une nouvelle vigueur éditoriale et un prodigieux succès en librairie. Retrouvons donc la foi d'un Bernanos pour contrer les effets délétères et destructeurs, aussi bien pour la vie sur Terre que pour les bêtes et les hommes de l'*hybris* fonctionnaliste.

Il ne s'agit pas de céder à quelque vanité hexagonale, mais de connaître notre histoire et de nous en servir comme d'un levier pour prendre au sérieux et en charge le tourment écologiste, sans verser dans les chimères des idéologues.

Épilogue

La maison Terre brûle et… nous ne regardons jamais plus ailleurs. Contre la réquisition perpétuelle et pour la promenade de Winston Smith

Dans son roman *1984*, George Orwell raconte qu'un soir du mois d'avril, alors que, quittant son ministère, il s'apprêtait à se rendre au Centre communautaire, ce centre de loisirs institué par le Parti, Winston Smith prit la clef des champs. « Le parfum de l'air d'avril l'avait tenté. Le ciel d'un bleu plus chaud qu'il ne l'avait encore été de l'année et, soudain, la longue soirée bruyante au Centre, les jeux assommants et fatigants, les conférences, la camaraderie criarde, facilitée par le gin, lui avaient paru intolérables. » C'était la seconde fois en trois semaines qu'il s'autorisait pareille échappée belle. « Grave imprudence, observe le narrateur. Faire n'importe quoi qui put indiquer un goût pour la solitude, ne fût-ce qu'une promenade, était toujours légèrement dangereux. Il y avait, en novlangue, un mot pour désigner ce goût. C'était egovie qui signifiait individualisme et excentricité. » Egovie, *Ownlife*, dit l'anglais : une vie à soi, une vie soustraite aux impératifs du groupe, aux combats du jour ; autrement dit, l'« arrière- boutique toute nôtre » sur laquelle Montaigne montait farouchement la garde.

Rien n'est en effet plus suspect aux régimes totalitaires que cette liberté, mais ce rien n'est en passe de le devenir dans nos sociétés. Au pouvoir politique peut-être, mais d'abord au pouvoir social. Le moindre pas de côté par rapport aux questions environnementales ou sociétales est comme proscrit. Romans, pièces de théâtre, expositions, films, la réquisition est intégrale et permanente. « C'est par caissons entiers que les documentaires sur l'environnement débarquent sur nos écrans », reconnaissait lui-même le critique du quotidien *Le Monde*, Jacques Mandelbaum, un tantinet impatienté[1].

Vous rentrez de vacances ou de week-end, vous êtes sur le point de descendre du train, le conducteur espère, comme à l'accoutumée, que vous avez fait un bon voyage, vous demande de vous assurer que vous n'avez rien oublié à bord, et puis... l'agent de la SNCF de se muer en prêtre assermenté : « La planète vous remercie d'avoir pris le train. »

Été 2021, nouveauté cannoise ! trompettent les organisateurs du festival de Cinéma : sera inaugurée une section « *Green* éphémère » – ce qui, notons-le au passage, est en parfaite contradiction avec la cause que l'on prétend servir : que demande la nature sinon qu'on lui garantisse l'exact contraire de l'éphémère, la durée, de la continuité ? Nouveauté cannoise, donc : le « Cinéma pour le climat ». « Avec #MeToo, le cinéma a prouvé qu'il pouvait être un moteur du changement. Pourquoi ne le serait-il pas aussi sur les questions écologiques ? » Tous les espoirs sont donc permis, s'enthousiasment les journalistes[2]. On sait que, désormais, pour se voir allouer des subventions et/ou être sélectionné aux Oscars et autres cérémonies, un film doit satisfaire

1. Jacques Mandelbaum, « Sur les pas d'agriculteurs grecs "biophilosophes" », *Le Monde*, 8 septembre 2021.

2. Maryline Détertre, « Le cinéma se met en vert », *Madame Figaro*, 2 et 3 juillet 2021.

à un rigoureux cahier des charges de la « diversité » comprenant critères sexués, sexuels et raciaux. À quand des quotas d'animaux et de végétaux dans le cinéma ?

La maison brûle et nous ne regardons plus jamais ailleurs ou, quand nous regardons ailleurs, c'est en direction des femmes, des minorités et de la diversité. Le spectre est quadrillé.

Promenade, échappée belle, liberté du pas de côté que George Orwell lui-même, à l'image de son héros de *1984*, s'autorisait dans la chronique qu'il tenait dans *The Tribune*, proposant volontiers à ses lecteurs quelque escapade du côté des mœurs du crapaud ordinaire – « un des phénomènes printaniers auxquels je suis le plus sensible », confessait le romancier – ou de la pêche à la ligne. Sans doute, prévient Orwell, certains esprits jugeront-ils « indécent » d'apprécier le printemps et autres changements de saison quand il conviendrait de dénoncer « le joug du système capitaliste » et tiendront pour « politiquement inconvenant » de s'attacher au chant du merle ou à l'orme jaunissant en octobre, lesquels ne sauraient se prévaloir « d'un quelconque point de vue de classe ». Mais si Orwell s'y adonne malgré tout, il a ses raisons, et de puissantes raisons : « Je pense qu'en préservant son amour d'enfance pour des choses telles que les arbres, les poissons, les papillons et – pour revenir à mon premier exemple – les crapauds, un individu rend un peu plus probable un avenir pacifique et décent. »

Et Simon Leys de commenter dans son *Orwell ou l'horreur de la politique* que, lorsqu'il s'autorisait à « gaspiller un espace si précieux qu'il aurait dû consacrer aux graves problèmes de la lutte des classes », le romancier « ne cédait pas à une recherche gratuite d'originalité – il voulait délibérément choquer ses lecteurs et leur rappeler que, dans l'ordre normal des priorités, il faudrait quand même que le frivole et l'éternel passent avant le politique ». Mais, ruse de la raison militante, s'occuper du crapaud, du merle ou de l'orme jaune, c'est encore, cela doit encore signifier, pour les prétendus « éveillés », faire de la politique.

Alors, si l'on commençait par là afin de s'assurer quelque avenir ? Si l'on réapprenait, et s'autorisait, à jouir du spectacle de la nature pour sa beauté et elle seule ? Si l'on rendait ses droits au frivole, à la légèreté ?

Dans le même esprit qu'Orwell, Camus rappelait : il y a l'histoire ; autrement dit, il y a la politique, il y a le combat et il y a la nature, mais aujourd'hui, à l'heure des rapports du Giec et autres grand-messes en faveur de la Planète, même la nature est politique. Hier, le peintre peignait un arbre avec pour seul souci d'être capable d'en faire « sentir l'écorce », à la manière du peintre anglais John Constable et de sa magnifique *Étude de tronc d'orme*, admirée de Lucian Freud ; aujourd'hui, lorsqu'il peint un arbre, c'est un « arbre pour le climat », selon le slogan de la Cop 21.

La Conférence de Paris sur le climat, en 2015, fut à cet égard un monument de conformisme et de réquisition volontaire des artistes : la tour Eiffel fut transformée en forêt virtuelle, chacun plantant avec son smartphone un arbre sur la Dame de fer, puis elle accueillit à son pied *Human Energy*, « la plus grande œuvre d'art participative jamais réalisée » et créée par un artiste français, Yann Toma. Chacun étant invité à se transformer en « générateur d'énergie » en dansant, marchant, ramant, pédalant, sur des vélos ou des appareils producteurs d'énergie dans un village festif. Place du Panthéon, à l'initiative d'un plasticien et d'un géologue, furent disposés 12 énormes blocs de glace venus du Groenland, en cercle pour former une « horloge symbolisant l'urgence de la lutte contre le réchauffement climatique ». Jamais le mot de Camus ne s'est davantage vérifié qu'à notre époque : « Dans un monde qui ne croit plus au péché, mais qui s'intoxique de morale abstraite, l'artiste a voulu se charger de la prédication. »

Plus d'amours enfantines... Assez badiné ! Même les enfants, surtout les enfants, sont assaillis dès leur plus jeune âge ; cela s'appelle « former les écocitoyens de demain ». Exemple édifiant : au sortir du confinement de mai 2021, plusieurs expositions ouvraient enfin leurs portes, l'une au musée d'Orsay – magnifique exposition dont le commissaire était l'historienne des sciences, Laura Bossi, foisonnante d'œuvres témoignant de cette formidable attention des artistes occidentaux pour la prodigalité de la nature, portant haut la belle définition de Rodin, déjà citée, du sculpteur ou du peintre comme « guetteur de vie et chasseur de vérité ». Croit-on qu'on allait attirer l'attention de la jeunesse sur ces nobles dispositions qui font le grand artiste et sur les vertus épiphaniques de son œuvre ? Nullement. Que leur apprenait le cartel accompagnant la sculpture représentant le dodo ? « Ce drôle d'oiseau n'est pas un animal imaginaire, c'est un dodo originaire de l'île Maurice. Cousin des pigeons, mais incapable de voler, le dodo a été victime de nouveaux prédateurs arrivés sur son île au 17ème siècle [en chiffres arabes et surtout pas en chiffres romains, l'enfant ne saurait les déchiffrer !] : les Européens et leurs bêtes. Il est l'un des premiers animaux à avoir disparu à cause de l'homme ! Quand une espèce disparaît, on appelle cela une extinction. » Victime, prédateurs, les Européens, extinction, rien ne manque, le carquois est rempli ! L'enfant est armé, sauf son regard. « Les idéologies ne s'intéressent jamais au miracle de l'être ! », soupire-t-on avec Hannah Arendt.

Achevons notre itinéraire muséal au musée Eugène-Delacroix, place de Furstemberg, escortés par Lilian Thuram intronisé en 2018 commissaire d'exposition[1] de ce lieu où, sinon l'éternel, du moins l'intemporel avait jusqu'à il y a peu sa demeure. Mais plus aucun lieu n'est à l'abri, toutes les citadelles doivent tomber sous les coups de bélier des combats du jour – avant Lilian Thuram, Christine Angot avait joui des mêmes honneurs. Il faut lire le cartel qu'inspira à l'ex-footballeur reconverti dans le militantisme intersectionnel, la sculpture sortie de l'atelier d'Antoine-Louis Barye montrant un lion plaquant au sol un serpent – un chef-d'œuvre d'expressivité, portant témoignage de l'art consommé de l'artiste à laisser percer les muscles sous le pelage, et l'ex-footballeur d'enfiler les perles : « Le lion signifie aussi la dangerosité des hommes pour les animaux. La domination des hommes sur les animaux provoque souvent leur disparation. Des milliers d'espèces animales (mais aussi végétales) disparaissent. Le dodo [encore lui !] comme le lion de l'Atlas. Comprendre et comparer, mais aussi préserver pour habiter. Que penser de ceux qui veulent aller ailleurs, hors de notre planète Terre ? »

L'activisme ne relâche jamais son étreinte. Tout lui est pâture. Arendt, Camus, Orwell, ces trois grands penseurs des totalitarismes, de la réquisition des existences

1. Lilian Thuram assisté dans cette éminente fonction par la très idéologique et militante Françoise Vergès, présidente de l'association Décoloniser les arts.

par la politique, font, chacun à leur manière, l'éloge de l'*amor mundi*, du « oui » des poètes à ce qui est, de l'art d'ouvrir les yeux, de voir le monde et d'admirer. Cela devrait nous donner à penser alors que nos existences sont assiégées par les mots d'ordre des maîtres de l'heure.

« À quoi sert ce livre ? » demandait le critique utilitaire de Théophile Gautier. « Comment peut-on l'appliquer à la moralisation et au bien-être de la classe la plus nombreuse et la plus pauvre ? Quoi, pas un mot des besoins de la société, rien de civilisant et de progressif ! » s'agaçait-il, rageur. Désormais, on demande si l'œuvre sert à la prise de conscience de l'urgence écologique et de la responsabilité du genre humain dans ce que, sans nuance, on qualifiera d'« écocide », mais l'esprit est le même. Sauf que, précisément, au XIXe siècle, il y avait Gautier, il y avait Flaubert, il y avait Baudelaire, pour préserver l'autonomie de l'art et délier l'artiste et son œuvre de toute visée utilitaire – que cette « utilité » soit religieuse, politique ou sociale. Ceux-ci savaient que, désormais, ce serait devant le tribunal des Homais et de la société, bien plus que de celui de l'État ou de l'Église, que les œuvres seraient appelées à comparaître. « L'art ne doit servir de chaire à aucune doctrine sous peine de déchoir », proclame Flaubert. Et l'artiste à la Flaubert ne se sait qu'un maître et qu'une autorité : le réel et la vérité. Cet esprit frondeur fait cruellement défaut aujourd'hui.

Rendez-nous la nature et elle seule. Il y a l'histoire, et il y a la nature... Et que nos artistes se souviennent du défi que se lançait à lui-même le jeune Delacroix dans la fougue de ses vingt-six ans : « Toi qui sais qu'il y a toujours du neuf, fais-leur croire qu'ils n'avaient jamais entendu parler du rossignol et du spectacle de la vaste mer. Ceux mêmes qui croient que tout a été dit et trouvé te salueront comme nouveau. » Formons chez l'enfant et cultivons chez l'adulte, la passion de voir, de s'étonner, d'admirer ; je ne sais de plus vertes dispositions.

Table

Composition et mise en pages
Nord Compo à Villeneuve-d'Ascq

CET OUVRAGE
A ÉTÉ ACHEVÉ D'IMPRIMER
SUR ROTO-PAGE
PAR L'IMPRIMERIE FLOCH À MAYENNE
EN DÉCEMBRE 2021

N° d'impression : 99656
Imprimé en France